SILVIO SANTOS

3ª edição

Diretor editorial: **Luis Matos**
Editora-chefe: **Marcia Batista**
Assistentes editoriais: **Aline Graça e Letícia Nakamura**
Preparação: **Cely Couto e Abordagem Editorial**
Revisão: **Guilherme Summa e Giacomo Leone Neto**
Revisor técnico: **Levy Fioriti**
Arte: **Aline Maria e Valdinei Gomes**
Capa: **Zuleika Iamashita**
Imagem de capa: **Moacyr Lopes Júnior/Folhapress**
Imagens do miolo: **Arquivo de colecionador/Levy Fioriti e Flor (Antonio Carlos Severo, Célio Junior, Claudine Petroli, Erasmo Souza, Hiroto Yoshioka, Ionannis Hatiras, João B. Silva, Jose Castro, Manoel Motta, Milton Carvalho, Moacyr dos Santos e Roberto Remanis)**

Dados Internacionais de Catalogação na Publicação (CIP)
Angélica Ilacqua CRB-8/7057

B336s
Batista, Marcia
Silvio Santos : a biografia / Marcia Batista, Anna Medeiros.
-- São Paulo : Universo dos Livros, 2017.
280 p. : il., color.
3ª edição
ISBN: 978-85-503-0247-8

1. Santos, Silvio, 1930- Biografia 2. Apresentadores (Teatro, televisão, etc.) – Biografia 3. SBT-Sistema Brasileiro de Televisão - História I. Título II. Medeiros, Anna

---

17-1494 CDD 927.9145

Universo dos Livros Editora Ltda.
Avenida Ordem e Progresso, 157 – 8º andar – Conj. 803
CEP 01141-030 – Barra Funda – São Paulo/SP
Telefone/Fax: (11) 3392-3336
www.universodoslivros.com.br
e-mail: editor@universodoslivros.com.br
Siga-nos no Twitter: @univdoslivros

Marcia Batista e Anna Medeiros

SILVIO SANTOS

São Paulo
2020

Grupo Editorial
UNIVERSO DOS LIVROS

Ao Silvio Santos, o maior comunicador da televisão brasileira e, acima de tudo, um grande homem.

SUMÁRIO

PRÓLOGO

Não é fácil falar sobre Silvio Santos, um dos maiores e mais bem-sucedidos empresários no cenário nacional e, sem maiores exageros, aquele que é a personificação da própria história da televisão brasileira. No entanto, nenhum assunto relevante e de peso é de fato fácil de narrar. O próprio Silvio já disse para sempre desconfiarmos daquilo que vem sem esforços. Realizar um projeto que envolve uma biografia tão vasta não tem nada de simples, mas o desafio é recompensador.

Assim como muitos brasileiros, crescemos assistindo ao SBT. Sendo de gerações próximas, temos lembranças de domingos acompanhando o Silvio Santos, de manhãs ouvindo canções da Mara Maravilha, rindo com os episódios do seriado *Chaves* e até mesmo recordações de novelas mexicanas que marcaram época. Ah, e como esquecer das entrevistas maravilhosas da rainha da televisão brasileira – Hebe Camargo? E as gargalhadas com a turma de *A Praça é Nossa*?

Essas memórias afetivas aconteceram graças a um nome: Silvio Santos. Por isso, o desejo deste projeto aos poucos foi tomando forma e, desde que iniciamos as pesquisas, há dois anos, sabíamos que o trabalho seria colossal e extraordinário, haja vista a história desse grande homem. Mas, aos poucos, fomos nos impressionando ainda mais.

Escrever uma biografia é quase como entrar na casa de alguém sem pedir licença, sabe? Como aquela visita que chega para o café sem ser convidada, mas que acaba ficando a tarde inteira porque a conversa rende. E, quando percebem, visita e anfitrião vão se conectando, pois a intimidade do café gera novas descobertas.

Quando chegamos à casa de Silvio e nos convidamos para o café, sabíamos o superficial dos acontecimentos. Aos poucos, ao longo da jornada, fomos estabelecendo uma conexão ainda maior com sua figura. Quando descobrimos suas qualidades e seus desafios, suas vitórias e quedas, seus sentimentos e estilo de vida, criamos uma identificação, que, para nós, representou até mesmo um enorme crescimento pessoal.

Querendo saber mais sobre esse homem que já angariou tantas conquistas em sua trajetória profissional, passamos a buscar aqueles que tiveram proximidade com o apresentador. Nomes como Décio Piccinini, Roque, Leão Lobo, Mara Maravilha, Florina Fernandez (a Flor) e até mesmo Maisa Silva ajudaram a montar as peças desse quebra-cabeça. Outros nomes não tão conhecidos pelo público, mas que conhecem muito bem a rotina do Silvio ao longo dos anos de bastidores também foram igualmente importantes para o projeto. Figuras como Felipe Ventura, que tem 26 anos e há quase duas décadas é presença indispensável no Teleton, e o segurança Maurício Sobral, que desde 1993 está ao lado do apresentador, ajudaram muito durante a pesquisa.

Somos imensamente gratas a esses e todos os nomes que se encontram ao longo do livro. Todos contribuíram prontamente e com muito carinho, e esse projeto não seria possível sem a ajuda de tanta gente querida e disposta a compartilhar seu tempo para homenagear um nome tão conhecido pelo público brasileiro.

Certas da inspiração que a história de Silvio pode representar para qualquer pessoa interessada em realizar seus sonhos, esperamos que este livro possa contribuir de maneira positiva para a documentação dessa memória viva da comunicação brasileira. Silvio Santos vem aí!

As autoras

UM HOMEM DO BRASIL

O dia 30 de agosto de 2001 foi um divisor de águas para Silvio Santos. Nesse dia, ele esteve durante horas em sua própria casa cara a cara com a morte. A morte se apresentou para Silvio na forma de um sequestrador desesperado carregando não somente uma, mas duas armas cheias de balas, prontas para serem disparadas. Para Fernando Dutra Pinto, havia dois cenários nesse dia: ou ele matava ou ele morreria.

Na hipótese de ele matar para conseguir escapar da emboscada em que havia se metido, quem sairia perdendo seria Silvio Santos, ou, em outras palavras, o Brasil inteiro, que perderia o homem que é praticamente o sinônimo da televisão brasileira, que estabelece há mais de cinquenta anos uma relação muito forte com seu telespectador. Relação essa que ficou ainda mais explícita em um dos dias mais tensos da vida de Silvio. Nesse dia, o Brasil não desgrudava dos noticiários, pois um deslize qualquer dos envolvidos poderia significar uma tragédia.

Em entrevista à Rádio Jovem Pan, falando para Joseval Peixoto e Anchieta Filho, que compunham a bancada do *Jornal da Manhã*, o próprio Silvio Santos falou sobre a certeza de que havia escapado da morte por um triz: "Eu posso garantir a você que se o governador não fosse ontem até a minha casa, eu tenho certeza, não é um palpite, eu poderia morrer, o Fernando certamente morreria e mataria três ou quatro policiais que lá estavam."

Todos os acontecimentos se desenrolaram de uma forma surreal. Afinal, era para ser um dia de alívio e alegria, já que uma das filhas de Silvio Santos acabara de ser resgatada, depois de sete dias sequestrada. Mas o alívio durou pouco, e a família Abravanel foi surpreendida novamente pelo perigo. O Brasil assistia atentamente a policiais rodeando a casa transformada em cativeiro, mas não havia nada que pudessem fazer; Silvio e Fernando encaravam-se de frente, sabendo que só ali a questão poderia ser resolvida. E tudo começou com o resgate de Patricia.

Na madrugada do dia 28 de agosto de 2001, mais precisamente às 2h50 da manhã, Patricia Abravanel chega aos prantos em casa, na mansão de seu pai, Silvio Santos, localizada no Morumbi, em São Paulo. A emoção de todos é tamanha que foram precisos muitos minutos de choro, abraços e agradecimentos até que algo pudesse ser dito. Afinal, Patricia acabara de ser libertada após uma semana mantida em cativeiro.

Foram momentos de muita tensão em que a família Abravanel, muito religiosa, pedia incessantemente a Deus que Patricia voltasse para casa com vida. Era um grande alívio, por fim, as súplicas terem sido atendidas. A tranquilidade voltaria a reinar na casa. Em teoria.

O trabalho da polícia não havia acabado com a libertação da filha de Silvio Santos. Agora seria preciso prender os criminosos e recuperar os R$ 500 mil do resgate, valor negociado e entregue por Guilherme Stoliar, sobrinho de Silvio Santos, que chegou a ocupar cargos importantes de direção no SBT, chegando à presidência do conglomerado.

Primeiramente, os policiais conseguiram prender, no município de Cotia, Marcelo Batista Santos, o "Pirata", que acabou confessando sua participação no sequestro. Marcelo não só confessou como também entregou o comparsa Esdras Dutra Pinto, de apenas 19 anos, que acabou preso em sua casa, em São Miguel Paulista. Faltavam ainda mais dois integrantes do bando: Fernando Dutra Pinto e sua namorada, Jenifer, que deveriam estar com o dinheiro do resgate.

Fernando, entretanto, daria novos contornos a essa história aparentemente já encerrada e com final feliz. Após a libertação de Patricia, ele se hospedou em um flat em Barueri, levando consigo as armas do crime e o dinheiro que havia faturado com o sequestro. Para hospedar-se no flat, utilizou o nome falso de Claudemir Souza e afirmou ser músico.

Todavia, não demoraria para o hóspede ser personagem de suspeitas por parte dos funcionários do local, uma vez que a própria camareira se deparou com armas de fogo enquanto limpava o quarto. Assustada, avisou então aos responsáveis pelo empreendimento sobre o fato. Mal sabia ela a procedência de tais armas.

Logo, um delegado em São Paulo foi avisado sobre o suspeito e uma equipe foi deslocada até o local informado. Os policiais chegaram ao flat e foram notificados da saída do suspeito. Seguiram, então, até o quarto para realizar a averiguação. No local vazio, os policiais encontraram não só as armas, como também

R$ 464.850,00, aumentando ainda mais a desconfiança de que o tal Claudemir seria o sequestrador da filha de Silvio.

Os policiais esperaram o suspeito chegar ao hotel a fim de prendê-lo ali mesmo. Quando o sequestrador finalmente chegou ao flat, com o cabelo tingido de loiro, seguiu tranquilamente para o elevador, onde apertou o andar de seu apartamento. Ele não seguiu sozinho, foi acompanhado por um dos policiais que imediatamente informou a prisão de Fernando. Caso se tratasse de um criminoso comum, ele teria se entregado ali mesmo, imaginando que haveria outros policiais além daquele e que, por isso, não conseguiria encontrar um jeito de escapar. Acontece que ele não era assim: sua coragem atingia a ousadia para conseguir o que queria – coragem que impressionaria até mesmo Silvio Santos.

Fernando não obedeceu à ordem de prisão e sacou duas armas, disparando contra o policial. Nesse momento, os outros policiais que estavam à espreita também começaram a atirar, dando início a uma troca de tiros entre o sequestrador e os policiais. Apesar de estar sozinho, Fernando consegue, de maneira impressionante, escapar, deixando mortos dois policiais e um terceiro ferido.

Percebendo que estava cercado, decidiu não descer pelo elevador; quebrou o vidro de uma janela, segurou-se entre o vão das paredes – estreitas o bastante para que ele não sofresse uma queda livre – e desceu os nove andares até o chão. Como estava ferido, deixava rastros de sangue por onde passava.

A história que já parecia mais um roteiro de megaprodução de Hollywood ganhou ares ainda mais cinematográficos:

começava a perseguição e a epopeia de Fernando, que trocou de carro três vezes e ainda utilizou um táxi para fugir do cerco policial. As frotas estavam todas mobilizadas para encontrar o sequestrador. Mas, apesar de uma operação gigantesca, nem assim foi possível prender o sagaz criminoso.

E onde Fernando reapareceu? Às 7h da manhã do dia seguinte, ele estava na casa de Silvio, deixando todos surpresos e em choque. Até o próprio Fernando quase não acreditava, pois imaginava ter uma chance em cem de conseguir entrar na casa do apresentador.

Para conseguir esse feito quase inacreditável, ele pulou o muro da casa do apresentador após cortar o fio de energia da cerca elétrica. Mesmo com toda a segurança que um homem do porte de Silvio carrega junto de si, não foi possível detê-lo.

Pulando o muro da mansão, partiu com ainda mais convicção de que conseguiria atingir seus objetivos. Foi então que ele tomou uma atitude inesperada: rendeu e manteve em cárcere privado o próprio Silvio Santos. Seguindo em direção ao apresentador, ele sabia muito bem qual era o seu objetivo e o que iria negociar em troca de sua vida: um helicóptero para fugir da polícia, uma enfermeira e a presença de um juiz corregedor. Ele queria fazer de tudo para não ir para a prisão.

Fernando e Silvio ficaram frente a frente durante horas na cozinha da casa. Ao mesmo tempo em que temia que algo pudesse dar muito errado, custando-lhe a vida, Silvio observava com curiosidade a inteligência fora do comum daquele sequestrador.

A polícia logo cercou a casa de Silvio, e deu início à negociação que deixaria o país inteiro grudado nos meios de comunicação temendo pela vida do apresentador, refém em sua própria cozinha e com duas armas apontadas para si.

Após algum tempo de negociação, surgiu a esperança de que Silvio estivesse livre, mas apenas sua esposa Iris, suas quatro filhas e algumas amigas que tinham vindo ver Patricia foram libertadas. O país ainda não podia respirar com alívio, o desfecho ainda não tinha sido concretizado.

Conforme o tempo ia passando, Fernando acabou exigindo a presença do governador Geraldo Alckmin. Silvio logo teve a certeza de que, caso não conseguisse trazer o governador à sua casa, ele não somente seria morto, como também muitos outros policiais.

Foram mobilizados helicópteros, a Polícia Militar, e até o pai e uma irmã de Fernando Dutra Pinto para tentar convencer o sequestrador a liberar Silvio. Nada foi acertado. A última esperança para que o apresentador sobrevivesse era que Alckmin chegasse logo, atendendo ao pedido desesperado de Silvio.

Cada segundo que passava era um sofrimento a mais para a família Abravanel, bem como para os demais brasileiros. Afinal, Fernando já havia sido inconsequente o suficiente para aparecer na casa do apresentador, o que mais ele seria capaz de fazer?

Geraldo Alckmin finalmente chegou à mansão às 13h54, após quase sete horas de negociação. Essas foram horas de muita tensão, apesar de o apresentador ter tentado levar tudo na maior tranquilidade possível para não irritar ou preocupar o sequestrador.

Nesse momento, havia uma multidão em frente à casa aguardando ansiosamente qualquer notícia: policiais, fotógrafos, repórteres e curiosos aglomeravam-se cada vez mais em uma cena que reforçava a associação dos acontecimentos a um filme com traços de thriller policial.

Enfim, Fernando Dutra Pinto decidiu render-se e foi levado pela polícia. Uma vez que o sequestrador não estava mais lá, Silvio Santos, com um semblante tranquilo como de quem acabara de fazer uma reunião corriqueira de negócios, acompanhou o governador Geraldo Alckmin até o portão e retornou para sua casa, acenando para todos.

Silvio conseguiu sorrir. Seu sorriso pareceu um recado para a família, bem como para o país inteiro, de que todos poderiam respirar tranquilos novamente, pois ele estava a salvo.

Essas horas de tensão foram noticiadas não somente pela imprensa nacional, como também a internacional, tendo sido destaque no *The New York Times*. Em território brasileiro, a população pareceu ter parado para acompanhar cada segundo da negociação para a libertação do empresário.

A ironia do destino – ou talvez demonstração da importância que esse homem tem no Brasil – ficou por conta da cobertura televisiva feita pela Globo, maior concorrente da emissora de Silvio, atingindo índices recordes de audiência para o horário da manhã. Quem mais senão o homem do Baú para provocar e destrinchar tamanhos acontecimentos?

A ESTREIA DE SENOR NO PALCO DA VIDA

Fruto de uma família judaica, Senor Abravanel, filho de Alberto e Rebeca Abravanel, seria o primeiro dos filhos do casal a nascer em uma terra tão distante da Europa de seus antepassados. O fato, certamente, deu-se muito pelo contexto histórico, mas talvez também tenha sido arquitetado pelo destino. Afinal, seria em terras brasileiras que Senor demonstraria todo o seu talento e carisma. Como muitas famílias judaicas ao longo de séculos, a família Abravanel também precisou se mudar constantemente para que pudesse sobreviver aos ataques e perseguições que vitimaram judeus em muitos momentos. Felizmente, seu refúgio final foi o Brasil.

O menino Senor tinha um nome que soava muito diferente aos ouvidos brasileiros. Mas como surgiu esse nome tão distinto? A história começa com um antepassado muito distante de Silvio: um importante estadista português que recebeu o título de "Dom", palavra utilizada para designar homens da nobreza e que, muito provavelmente, se origina da palavra hebraica

"Adon", cujo significado é "senhor" ("señor", em espanhol) ou "mestre". Dom Isaac Abravanel desempenhou um papel essencial na recuperação das finanças em Portugal, tendo posteriormente a mesma atuação decisiva na Espanha. Na época da Inquisição, os Reis Católicos Fernando e Isabel pediram a Dom Isaac para que permanecesse junto a eles ainda que os judeus estivessem sendo mortos e expulsos da região, pois todos os condenavam pelos males que afligiam o reino.

Em 1492, foi assinado um decreto que estabelecia a expulsão dos judeus em um prazo de quatro meses, levando consigo tudo o que pudessem carregar (exceto ouro). Após essa data, os judeus que ainda permanecessem na Espanha deveriam escolher entre o batismo cristão ou a morte. Dom Isaac não aceitou a proposta dos reis de proteger sua família com a condição de que abandonassem suas crenças e se convertessem ao catolicismo. Ao ver seu povo sofrer e fugir, partiu com a família para a Itália, vindo a morrer em Veneza quando ainda se dedicava à política e à literatura.

Certa vez, em 1988, em um programa de Silvio, uma telespectadora de Uberaba ligou para entrevistá-lo e perguntou qual era seu nome completo. Na ocasião, o apresentador não apenas informou seu nome de batismo, Senor Abravanel, como também contou sobre sua origem. Em um relato carregado de emoção, ele cita a passagem sobre a expulsão de Dom Isaac da Espanha, quando o nobre disse aos reis: "o povo judeu vai e eu vou junto". Em seguida, revela que o nome Senor foi escolhido pelo pai como uma adaptação de Dom ao português brasileiro, derivado da palavra *señor*.

Não foi somente Dom Isaac que teve importantes ocupações na família Abravanel. Netos e bisnetos de Dom Isaac Abravanel também alcançaram posições de destaque na Itália e acabaram imigrando para a Salônica, na Grécia. A cidade foi a terra natal de Alberto Dom Abravanel, pai de Silvio. Ele nasceu em 1897 e, assim como muitos judeus, viu-se ameaçado quando o Império Turco-Otomano aliou-se à Alemanha – país que já tratava os judeus como cidadãos de segunda classe – durante a Primeira Guerra Mundial. Para escapar do alistamento obrigatório do Exército, Alberto fugiu da região onde morava e foi tentar a vida em outros países da Europa. Durante sua jornada, trabalhou como comerciante, profissão que o filho herdaria com talento de sobra anos mais tarde, no Rio de Janeiro.

Sem perspectivas após diversas tentativas de estabelecimento na Europa, Alberto partiu para o longínquo e desconhecido Brasil em 1924. Foi nesse país, no Estado do Rio de Janeiro, que Alberto conheceu a futura esposa, Rebeca, imigrante turca e dez anos mais nova que ele. Assim como muitos imigrantes, carregavam na mala os sonhos e as esperanças de uma nova fase na terra onde teriam a possibilidade de construir uma vida mais próspera. Foi nessa época da chegada do pai de Silvio ao Brasil que a população judaica começou a crescer significativamente no país, muito embora a imigração tenha se iniciado bem antes do século XX, com o desembarque dos primeiros judeus ainda no século XVII.

Após a proclamação da República, em 15 de novembro de 1889, estabeleceu-se na Constituição da República de 1891 a separação entre Estado e Igreja e, consequentemente, a liberdade religiosa – o direito essencial para todos, principalmente para os judeus em um país majoritariamente católico. Já nas décadas de 1920 e 1930, muitos judeus desembarcaram em terras brasileiras, tentando fugir do antissemitismo cada vez mais ostensivo na Europa.

Em 12 de dezembro de 1930, no nascimento do primogênito, o casal Abravanel decidiu batizar o filho de Senor, em homenagem a seus antepassados e em adequação ao idioma local. Além de Senor, Rebeca e Alberto tiveram mais cinco filhos: Beatriz, Perla, Sara (Sarita), Leon e Henrique. Quando Silvio nasceu, a família morava na Travessa Bem-te-vi, no bairro da Lapa, no Rio de Janeiro. O bairro é considerado reduto da boemia carioca e guarda em suas famosas construções, como os Arcos, muito da história da cidade. Na década de 1930, o local foi berço de sambas importantes da história, como algumas composições de Noel Rosa. Foi nesse mesmo período, entretanto, que Getúlio Vargas assumiu a presidência e passou a exercer controle rigoroso sobre as atividades boêmias (e de prostituição) da região.

Nesse cenário, o menino Silvio pareceu desde sempre carregar em suas veias toda a alegria de viver do bairro da Lapa. Não só a alegria, diga-se de passagem, como também o ar de malandro carioca, pois, desde cedo, fazia de tudo para entrar nas sessões de cinema (uma de suas grandes paixões) sem pagar. Tudo em companhia do fiel escudeiro, seu irmão Leon. Havia uma sessão de cinema, entretanto, que os irmãos não admitiam perder: era a série americana *Vale dos Desaparecidos*, lançada em 1942 e dividida em quinze sessões. Para esse caso específico, os irmãos não ousavam-se arriscar e, por isso, guardavam dinheiro para pagar as entradas e garantir seu momento de diversão.

Leon sempre foi uma figura importante na vida de Silvio, e os dois parecem, para além da relação de irmãos, terem desenvolvido uma amizade e afinidade especial desde crianças. Durante o primário, frequentaram juntos a Escola Primária Celestino da Silva, na Rua do Lavradio, no centro do Rio de Janeiro. Mais tarde, estudaram na Escola Técnica de Comércio Amaro Cavalcanti, no Largo do Machado, onde Silvio se formou como técnico em Contabilidade. Com seu jeito brincalhão e carismático desde sempre, é muito fácil imaginar Silvio aprontando no colégio, ou mesmo fazendo de tudo para entrar na sala de cinema sem pagar. Para uma mãe rigorosa como Rebeca, educar o desenvolto filho era um desafio.

Com a paixão que os dois irmãos demonstravam pela sétima arte, era difícil impedi-los de ir ao cinema. O filme favorito de Silvio, aliás, é o *Sempre no meu coração*. Uma história muito disseminada conta que a mãe linha-dura teria salvo a vida de Silvio e Leon. Em um desses dias em que os irmãos desejavam ir ao cinema, Silvio acordou com febre. Rebeca, então, não teria permitido que os filhos saíssem de casa – e uma fatalidade teria ocorrido no dia, pois o local acabou pegando fogo. Essa história, porém, foi corrigida por Silvio durante os preparativos para a exposição sobre ele no Museu da Imagem e do Som de São Paulo, o MIS. Segundo o apresentador, tal fato nunca existiu.

Rebeca era realmente uma mulher forte que buscava impor certa disciplina em casa. Foram as circunstâncias da vida que a fizeram agir assim: mãe de seis filhos, de repente se viu diante de um marido viciado em jogos que gastava todo o dinheiro da família. Esse vício acarretou, inclusive, a perda da loja da família na Praça Mauá em função de dívidas. Sobre essa época, Silvio se lembra de momentos muito difíceis, como consta no livro *A fantástica história de Silvio Santos*:

> "Era um drama, porque o que ele ganhava na loja de dia, gastava de noite no cassino. Eu tinha catorze anos naquela época e estava cursando o segundo ano de contabilidade na Escola Técnica de Comércio Amaro Cavalcanti. Aborrecido com a situação, saí da escola e comecei a me virar. Depois de dois meses, voltei às aulas."

Para conseguir criar a família e aliviar a pressão que sofriam no orçamento doméstico, Rebeca começou a trabalhar como costureira. A renda obtida com o serviço, entretanto, era muito baixa para dar conta de todos os custos que envolvem uma família numerosa. Vendo-se nessa situação, Rebeca precisou controlar os gastos e exigir dos filhos que ajudassem em casa, uma vez que não seria possível sustentar todos com as atitudes de Alberto. Como já revelou Silvio, sua mãe dizia que se eles não trabalhassem não teriam mais o que comer.

O futuro bilionário se viu na necessidade de trabalhar aos 14 anos para conseguir sobreviver com sua família. Mas, o que um menino poderia fazer nesse momento? Sua intenção era encontrar uma forma de ganhar o máximo de dinheiro no menor tempo possível. Ele chegou a verificar em repartições públicas e casas comerciais as possibilidades de emprego, mas nada atendia às suas necessidades.

Diante da extrema dificuldade, e precisando encontrar uma atividade rentável, a cabeça de empreendedor de Silvio Santos começaria a se manifestar. Seguindo os passos de seu pai, foi então que o futuro se descortinou na figura da profissão de camelô.

O FARO PARA OS NEGÓCIOS

O recado de Rebeca estava dado: impossibilitada de continuar bancando o sustento de toda a família, era preciso que seus filhos a ajudassem naquele momento crítico. Silvio precisaria tornar-se responsável e pensar em uma forma simples de ganhar dinheiro rapidamente no alto de seus 14 anos. O tino para os negócios começaria a despontar nesse momento, quando precisava encontrar uma saída o quanto antes. A resposta não demoraria a vir e partiria, como sempre, do próprio povo brasileiro.

O ano de 1945 foi marcado por um momento de euforia política. A última eleição direta no país acontecera em 1930. O resultado, que deu vitória ao candidato governista Júlio Prestes, não foi aceito pelos oposicionistas, instigando a Revolução de 1930. O vitorioso Prestes nem chegou a tomar posse da cadeira de presidente: após o golpe de Estado, o até então presidente do Estado de São Paulo foi exilado e quem assumiu o "governo provisório" foi o candidato oposicionista Getúlio Vargas. O que era para ter sido um mandato temporário acabou resultando na Era Vargas, quinze anos em que o gaúcho de São Borja governou o país com "mão de ferro".

Em fevereiro de 1945, com a pressão cada vez maior a favor de um respiro democrático, Vargas anunciou uma reforma constitucional que daria abertura à realização de novas eleições diretas. Esse era um momento importante para o país, e a população eleitora não via a hora de exercer seu direito de voto. Alguém com um olhar atento como o de Silvio não poderia deixar de notar esse sentimento em terras brasileiras. Andando pelas ruas do centro do Rio de Janeiro, Silvio observava o trabalho dos camelôs nas imediações. Passou a considerar essa possibilidade de ganhar dinheiro, mas, para tanto, teria de responder às perguntas que o inquietavam: o que mais atraía o público? Qual era o diferencial dos camelôs que mais vendiam?

Foi com essa curiosidade em mente que Silvio se deparou com um camelô que fazia sucesso vendendo capinhas para títulos de eleitor – nada surpreendente quando pensamos no contexto. Ora, já que as pessoas iriam votar, elas precisariam de uma capinha para proteger o seu documento eleitoral, não é mesmo? Pura estratégia de negócio: a demanda encontrando a oferta. E a demanda estava borbulhante, pois não havia muitos concorrentes.

Mas Silvio não queria apenas vender, queria vender mais e melhor e, por isso, foi atrás do campeão de vendas da região, um alemão que oferecia "simples" canetas para seus clientes. O futuro camelô desejava aprender todas as táticas e as melhores práticas de comércio. Observando por diversos dias o comerciante alemão, ele percebeu que o carisma que o homem demonstrava junto aos clientes ajudava muito no momento da venda. E algo que nunca faltou para Silvio – aliás, o que ele sempre teve de sobra – é carisma.

Durante o período de "estágio a distância", Silvio também descobriu onde o vendedor abastecia seu estoque. Estava aberta a caixa dos segredos das vendas para Silvio. Considerando-se preparado para encarar o batente e testar a estratégia que tinha bolado para vender muito em pouco tempo, comprou algumas canetas, sempre úteis e ainda mais necessárias para marcar o candidato à presidência escolhido na cédula de votação.

Silvio então se instalou em sua barraquinha e, além dos produtos, oferecia aos transeuntes entretenimento na forma de truques de mágica. Quem passasse pelo local poderia ver e ouvir Silvio manuseando suas moedas e baralhos. Mas, só era possível presenciar essa cena em um período limitado, das onze ao meio-dia, pois ele exercia o ofício apenas durante o horário de almoço do guarda que fazia vigilância dura em cima dos ambulantes.

Também nessa época, era seu fiel escudeiro seu irmão Leon, que ficava vigiando o guarda durante o período de almoço em um bar próximo para avisar Silvio sobre qualquer emergência ou necessidade de fugir. Silvio e Leon dividiam-se nessas atividades enquanto ainda estudavam na Escola Técnica, onde o então camelô se formaria em Contabilidade. A primeira leva de produtos foi vendida com agilidade e tornou-se preciso repor constantemente os estoques. O sucesso de vendas deu-se pela união feliz de dois fatores: a demanda do momento e o talento pessoal de Silvio. Já nessa época, era possível perceber traços do grande comunicador que ele se tornaria.

Rapidamente o jovem vendedor continuou ganhando mais dinheiro e a mãe não precisava se preocupar tanto com as finanças da família. Na realidade, ele ganhava muito mais do que precisava trabalhando apenas uma hora por dia. Por muito tempo, Silvio focou-se na atividade de camelô, vendendo muitos produtos a cada dia. E tudo isso apenas durante o período de refeição dos guardas, pois teria sérios problemas se fosse pego. Na época, ele já treinava para o que viria a se tornar: um grande empresário. Tendo refletido sobre isso:

> "Como camelô, eu já era um empresário. Mantinha três funcionários. Um ficava olhando quando vinha o rapa. O outro cuidava do estoque de canetas e o terceiro funcionava como farol. Ele chegava de quinze em quinze minutos e dizia: "Gostei da caneta, me dá uma", chamando a atenção dos clientes."

Um fato de sua vida de camelô poderia ter lhe trazido problemas, mas, com todo o talento que possuía, Silvio conseguiu rapidamente reverter o cenário. Certa vez, enquanto vendia seus produtos, o diretor de fiscalização acabou flagrando-o e lhe pediu que parasse de atuar na região. Mas, em vez de levar o garoto ao Juizado de Menores, como deveria fazer, acabou lhe dando um cartão. Talvez essa passagem também tenha sido traçada por seu destino, para que chegasse ao primeiro meio de comunicação em que utilizaria seus dotes artísticos: o rádio. Ao conversar com Silvio, o diretor percebeu a potente voz do camelô que estava bem na sua frente e sugeriu que ele procurasse um conhecido seu na Rádio Guanabara para fazer um teste.

Interessado em saber como era o funcionamento de uma rádio e com a remota possibilidade de um novo trabalho, Silvio não hesitou em procurar o contato que havia recebido quase de mão beijada. Era algo realmente interessante: em meados da década de 1940, quando ainda não havia canais de televisão no país, o rádio era o lugar onde a magia acontecia e os ídolos nacionais estavam. Na época, o concurso para entrar na Guanabara era muito disputado, pois era o sonho daqueles que queriam fazer parte do fervilhante mundo artístico. Desta vez, havia trezentos candidatos disputando uma vaga, nomes que, anos mais tarde, viriam a se consagrar nacionalmente, como é o caso do humorista Chico Anysio. Mesmo com a competição acirrada, o talento de comunicador chamou a atenção dos profissionais da Guanabara, concedendo a Silvio a primeira posição no concurso. Logo de cara, ele foi aprovado como locutor no teste da rádio e acabou por conquistar seu primeiro trabalho artístico.

Silvio começou então a conciliar o trabalho de camelô com a função de locutor em outras cinco horas do dia. Tudo isso com apenas catorze anos, o que torna sua história ainda mais impressionante. E a história estava apenas no início. Mesmo que tivesse talento artístico apurado, seu sangue de empreendedor também corria forte nas veias. O emprego como locutor pouco lhe rendia no final do mês e, por isso, Silvio acabou deixando a emissora de rádio para se focar nas vendas como camelô – algo que dava muito mais dinheiro.

O curioso é que o DNA de camelô parece nunca ter saído do apresentador. Em um vídeo recente divulgado por sua filha nas redes sociais, ele surpreendeu e divertiu a todos ao dar uma dica "malandra" de como os espectadores poderiam acessar o SBT de uma TV paga, algo que durante um tempo não foi permitido: "Você vai na Santa Ifigênia e compra essa anteninha aqui. Só de fio, ela tem cinco metros. Você coloca atrás da televisão, é facílimo. Tem até um ímã, você pode colocar na porta e pronto. Ele fica preso e você assiste à televisão. Olha a imagem do SBT que nós estamos pegando aqui."

Quando completou 18 anos, Silvio ainda era camelô, mas teve que exercer outra atividade obrigatória para os jovens brasileiros que atingem a maioridade: o serviço militar. Mais uma vez, a vida mostraria que não seriam poucas as suas habilidades ou sua capacidade de conseguir lidar com o que aparecesse à frente. Servindo ao Exército, foi parar na Escola de Paraquedistas, onde chegou inclusive a realizar saltos que foram considerados de boa qualidade técnica. A Escola de Paraquedistas exigia enorme dedicação, impossibilitando a continuidade das vendas no trabalho como camelô. Trabalhando no Exército, Silvio pareceu ter sentido falta de respirar ares artísticos, e acabou retornando às rádios. Para isso, usava suas folgas aos domingos para trabalhar de graça na Rádio Mauá. A paixão e a vontade de trabalhar com comunicação, nesse caso, falaram mais alto do que o desejo de descansar.

Algo digno de nota é que, certamente, Silvio sempre honrou muito o valor do trabalho e a dedicação para atingir seus objetivos. Desde os 14 anos, quando iniciou seu caminho profissional como camelô, nunca parou de buscar novas ocupações. Não havia preguiça que o impedisse de conquistar seus sonhos. Estratégia e inteligência para os negócios sempre guiaram suas decisões, assim como a paixão pelas realizações. Em entrevista à *Veja*, o apresentador disse se considerar sortudo:

> Sou uma pessoa de sorte. Não levei a vida, a vida é que me levou. Não tenho grandes sonhos, mas uma coisa que eu gostaria é de morrer sem precisar ir ao hospital.[1]

Terminando o serviço que deveria cumprir no Exército, Silvio não desejava mais retornar à atividade de camelô. Estava animado com o trabalho na estação de rádio e desejava continuar em tal caminho. Nesse momento de sua trajetória, retornou para o rádio na Tupi e, em seguida, foi para a Rádio Continental, cujos estúdios ficavam em Niterói. Morando no Rio de Janeiro, era preciso pegar a barca e fazer a travessia Rio-Niterói para cumprir seu expediente como locutor e depois retornar para casa. O trajeto de retorno ao Rio de Janeiro era realizado durante a noite, no último horário da barca. Nessas ocasiões, Silvio começou a perceber o silêncio que imperava no local. Por que não transformar a viagem dos passageiros em um momento mais agradável?

Comunicador nato e conhecedor do mundo das rádios, ele percebeu que incluir música no ambiente da barca seria uma ótima idéia, e que deixaria o trajeto mais animado não só para ele, como para todos que realizavam a viagem. A partir do desenrolar dessa ideia, rapidamente Silvio encontraria uma nova oportunidade de ganhar dinheiro. Para reproduzir música na barca, precisaria arranjar alto-falantes. E, para isso, precisava de dinheiro ou de alguém que pudesse bancar sua ideia em regime de parceria. Acreditando em sua nova empreitada, pediu demissão da Rádio Continental e foi atrás da aparelhagem para realizar seu projeto na barca. Fez, então, uma proposta para uma loja de eletrodomésticos: eles cederiam os alto-falantes e Silvio faria anúncios de produtos da loja. E quem iria recusar ter uma voz como aquela divulgando suas ofertas?

Pensando em ampliar a gama de anunciantes para seus alto-falantes, decidiu chamar colegas de profissão – de seu ofício de locutor – para fazerem os anúncios, permitindo que o próprio Silvio pudesse ir atrás de novos clientes para o negócio da barca. Mais uma vez ele estava inovando, atuando dessa vez como corretor de anúncios. Foi nesse momento que ele passou a se ver como um verdadeiro homem de negócios, afinal, gostava de veicular os anúncios em seus alto-falantes, gerenciando a equipe para que tudo saísse conforme o planejado. Com a crescente empolgação, o negócio de alto-falantes ainda teria mais uma expansão; mais uma chance de lucro capturada pelo olhar atento do jovem empresário.

Apesar de tirarem folga da barca aos domingos, Silvio e sua equipe decidiram fazer a viagem para Paquetá, onde muitas pessoas curtiam seu dia de descanso. O trajeto durava horas, que muitas vezes se mostravam intermináveis. Logo, a viagem que deveria ser de lazer se transformaria em trabalho novamente, pois os alto-falantes começaram a ser usados para animar a longa jornada. A música foi o remédio encontrado para curar o tédio. Com a melodia, os passageiros começaram a se entusiasmar e entraram na dança.

O baile ficava tão animado que causava muita sede nos participantes. Para se refrescar, os passageiros tinham apenas água à disposição, que chegava até a acabar em algumas noites mais agitadas. Empreendedor que era, Silvio logo visualizou outra oportunidade de venda: por que não servir aos passageiros sedentos outras opções além de água? Com a ideia e a estratégia na cabeça, rapidamente colocou em prática seu novo plano e foi atrás de um parceiro para realizá-lo. Nesse caso, bateu na porta da cervejaria Antarctica para conseguir uma estrutura de bar onde pudesse vender as cervejas e os guaranás da companhia. Como tudo que costumava fazer, o bar de Silvio não teve um resultado diferente: deu muito certo. A venda das bebidas foi um sucesso, e as viagens na barca transformavam-se em uma grande festa.

A propósito de suas vitórias, Silvio certa vez foi questionado pela jurada Aracy de Almeida durante uma edição do *Show de Calouros*, em 1987, e comentou:

> “Realmente, eu costumo ter mais vitórias do que derrotas por um motivo: quando o ser humano está com a razão, Deus é o seu advogado. Ninguém vence o ser humano quando ele tem razão. Quando o ser humano não está com a razão, Deus é o juiz, e o demônio é o advogado de quem está sem razão. Quem tem razão, forte ou fraco, vence sempre, o bem sempre vence o mal. O mal pode vencer por alguns minutos, por algum tempo, mas o bem sempre vence o mal. E não teríamos razão para viver, mesmo que essa vida termine no pó, não teríamos nenhuma razão para viver se o mal vencesse o bem.”

Não parecia haver limites para a inventividade e ousadia de Silvio, que decidiu implementar junto ao bar também um bingo. Claro que ele próprio seria o apresentador e o animador do sorteio, assim poderia voltar a exercer seus dons artísticos. Com o objetivo de aumentar ainda mais a venda de bebidas na barca, passou a oferecer uma cartela de bingo para quem comprasse uma bebida. Querendo participar da animada brincadeira, os clientes não paravam de consumir as cervejas e refrigerantes de Silvio. Com os bingos do empreendedor, a viagem parecia mais uma animada quermesse do que um passeio comum. Nesse momento, o que conquistava os clientes não era somente a oportunidade de ganhar brindes, mas a chance de participar do momento de entretenimento que o condutor da alegria oferecia a todos na barca.

Ali, Silvio fazia seu próprio programa, só que ainda fora das telinhas. Conduzir seus espectadores era algo que naturalmente estava se desenrolando, ainda que de forma inconsciente, desde sempre. Todo o sucesso com seu empreendimento estava despertando a consciência de que era bom nas transações comerciais e que poderia se dar muito bem nessa área. Fosse conseguindo anunciantes para a sua "rádio" na barca, fosse liderando o bingo, Silvio percebia que toda a estratégia (se feita de maneira correta) poderia conduzi-lo ao sucesso. Agora o visionário abria seus olhos para um novo universo, uma nova gama de oportunidades: o mundo dos negócios unido ao do entretenimento. Seus dons artísticos e seu carisma, que o permitiam ser um líder nato diante do público, também se evidenciavam.

Um feito surpreendente da época é que, com toda essa estratégia, o bar da barca tornou-se o lugar onde mais se vendia cerveja da Antarctica, o que fazia de Silvio o maior vendedor do produto no Rio de Janeiro. Parecia que o jovem já estava acostumado a se sair muito bem em tudo o que fazia. A vida de um vencedor, no entanto, não se dá sem que apareçam percalços. A diferença entre quem tem sucesso e alcança seus objetivos e quem fica no meio do caminho está na forma de lidar com as situações difíceis. Silvio sempre tentou contornar os desafios da vida fazendo das dificuldades mais um degrau para os próximos passos.

Tudo ia bem, o bar e o bingo eram um sucesso e havia diversos anunciantes dispostos a negociar espaço em seus alto-falantes. Mas, uma situação que Silvio não poderia ter previsto aconteceu: em um dos trajetos, a barca quebrou, impossibilitando a continuidade das viagens e, consequentemente, do faturamento do negócio. O futuro apresentador se viu diante de uma encruzilhada: estava endividado com os custos de manter o negócio ativo e não tinha mais como ganhar dinheiro para quitá-los. Era preciso pensar em uma nova forma de gerar lucros, já que a barca demoraria três meses para ser consertada.

Era chegado o momento de Silvio arriscar-se mais uma vez e dar à vida a chance de apresentá-lo a novas oportunidades – e por que não novas vitórias? Foi aí que ele aceitou o convite feito pelo diretor da Antarctica para conhecer São Paulo, a cidade onde descobriria a mágica da televisão e apresentaria seu primeiro programa. Silvio foi a São Paulo sem nenhuma oportunidade certa, com a cara e a coragem para conseguir chances de trabalho até então inéditas. Mas, quando chegou à capital paulista, já não era mais Senor Abravanel, e sim Silvio Santos.

A ESTREIA NA CAPITAL PAULISTA

Chegando à capital paulista, Senor já se apresentava como Silvio Santos, o nome artístico que decidiu adotar e que seria conhecido por todo o território brasileiro. A curiosidade que sempre surge para aqueles que conhecem a trajetória do apresentador é: como Senor Abravanel transformou-se em Silvio Santos? A primeira parte do nome surgiu de Rebeca, que costumava chamá-lo assim desde pequeno. Já o sobrenome Santos partiu dele mesmo. Silvio ganhava todos os concursos de locutor dos quais participava, graças ao seu talento nato para o entretenimento e, para não ser impedido de participar dos outros que vieram a seguir, começou a apresentar-se como Silvio Santos, pois, de acordo com o ele mesmo, "os Santos sempre ajudam".

O apresentador conta essa história de maneira brincalhona, mas o fato é que Silvio Santos é um nome comum e tipicamente brasileiro. Certamente, isso passou pela cabeça de Senor Abravanel, que desde menino percebeu a importância de ganhar o carinho e conquistar a identificação do público. Para além da escolha do próprio Silvio e também da identificação do público com um nome comumente brasileiro, há outros fatores que podem ter influenciado na escolha do nome artístico. No cinema, há um mito de que artistas que possuem a mesma inicial no nome e sobrenome têm mais chance de obter sucesso. Assim aconteceu com Charles Chaplin, Marcello Mastroianni, Federico Fellini e Marilyn Monroe. No caso do rádio brasileiro, a superstição envolvia as sílabas do nome: caso o artista do rádio tivesse cinco sílabas no nome, maior a chance de ele fazer sucesso. Tal foi o caso de Hebe Camargo, Orlando Silva, entre outros. E também Silvio Santos – Sil-vi-o San-tos.

Apesar de não estar muito certo em relação ao que São Paulo tinha a lhe oferecer, o jovem Silvio foi conhecer a cidade junto ao diretor da Antarctica, hospedando-se no centro. Estava no coração da capital e assim era difícil não ficar observando todo aquele movimento de pessoas. Cidadãos que, assim como ele, buscavam uma forma de vencer na vida.

Foi em uma dessas observações que Silvio encontrou um velho conhecido seu, um locutor com quem havia trabalhado no Rio de Janeiro. Após toda a emoção e o entusiasmo diante dos artifícios do destino que possibilitaram o encontro naquela nova cidade, o colega comentou com Silvio que a Rádio Nacional estava procurando locutores em São Paulo. Essa era a dica que Silvio precisava e que acabou postergando seu retorno ao Rio de Janeiro. A princípio, queria participar do concurso de locutores para ganhar algum dinheiro, mas o pessoal da rádio acabou impedindo sua participação, pois não o consideravam mais um amador, mas sim um profissional, afinal, atuava há anos como radialista na capital carioca.

Como estavam precisando de profissionais na emissora de rádio, fizeram uma proposta para que ficasse durante três meses em experiência na função. A ideia pareceu muito atrativa, e Silvio viu a oportunidade de explorar melhor a cidade, além de ganhar um dinheiro extra ao longo da estadia, já que seu salário seria de 5 mil cruzeiros por mês. Já era 1954 quando assinou seu primeiro contrato de locutor com a Rádio Nacional. Nessa época, São Paulo abrigava a primeira emissora da televisão brasileira, a TV Tupi. Comandada pelo paraibano Assis Chateaubriand, fazia parte do seu grupo Diários e Emissoras Associados, que incluía também publicações impressas. Alguns anos depois, o próprio Silvio ingressaria no mundo da televisão e também na TV Tupi.

Apesar de estar em uma situação favorável, ainda havia algo que o preocupava: a dívida do bar que havia montado na barca para vender as bebidas Antarctica. Como o bar podia ser transportado, pensou que resolveria a situação trazendo-o para São Paulo, assim poderia instalar-se em algum lugar para realizar suas vendas e recuperar o investimento. O ponto encontrado para o negócio, batizado de "Nosso Cantinho", era entre as ruas das Palmeiras e Ana Cintra, em frente à Igreja Santa Cecília. Como não poderia tocar o bar sozinho, já que cumpria expediente na Rádio Nacional como locutor, precisava encontrar alguém de confiança para se tornar sócio e cuidar do negócio em sua ausência. A questão era: quem poderia ser?

A solução se revelou na figura de Ângelo Pessuti, que na época era casado com Maria de Lourdes, irmã de ninguém menos do que Hebe Camargo. Quem diria? E a parceria com Ângelo seria o melhor que poderia acontecer no momento. Mas, seria possível resolver a situação assim? Após algum tempo apostando na venda de bebidas e sanduíches do "Nosso Cantinho", Silvio percebeu que não conseguiria juntar dinheiro suficiente para pagar o que devia. Era chegado o momento de ter uma ideia mais lucrativa e, também, de se desfazer do bar.

O que poderia ser feito, explorando as habilidades que possuía, que lhe trouxesse mais rentabilidade? Ele começou a pensar em possibilidades e, certamente, aproveitou a experiência que adquirira na barca (e o sucesso conquistado) para idealizar a nova empreitada. Foi assim que surgiu o projeto "Brincadeiras para você". Totalmente formulada por ele, era uma revista que reunia palavras cruzadas, charadas e passatempos como mais uma forma de entreter o público. Mas não era só para diversão do público que a revista havia sido criada. Pensando em aumentar sua renda, o jovem empresário encontrou na publicação uma forma de voltar a ser corretor de anúncios, uma profissão que já havia sido lucrativa na época da barca. Silvio vendia a publicação em casas comerciais, que distribuíam o produto gratuitamente aos clientes.

Com mais essa experiência, ele poderia voltar à figura do empresário que oferecia entretenimento ao público – algo que sempre estaria presente em sua trajetória profissional. Agora, voltava também à vida dupla de locutor e homem de negócios, mas, com a alma inquieta que tinha, e sempre sabendo que poderia ir além, não demorou para acrescentar mais atividades que ocupassem seu tempo. O carisma e o faro aguçado para o verdadeiro entretenimento trariam boas-novas para sua vida.

Também em frente à Igreja Santa Cecília, região onde anteriormente ficava seu bar, Silvio começou a montar shows de circo. E não só montou como também teve que entrar como apresentador de espetáculos circenses. Era ele quem introduzia as sessões e os artistas, fazia piadas e entrava em contato com o público para que todos ali se divertissem o máximo possível. Muitas vezes, não era recebido com alegria, pois algumas sessões começavam com atraso.

Mas Silvio sempre dava um jeito de quebrar o gelo e trazer o público para junto de si. Ele divertia o público, se divertia, e ganhava cada vez mais dinheiro: com todas essas atividades, conseguia faturar até 40 mil cruzeiros por mês, bem mais que os 5 mil de seu primeiro salário em São Paulo com a Rádio Nacional. É impressionante perceber que Silvio aumentou em oito vezes seus ganhos iniciais. Nota-se que a decisão de desistir do bar e tentar algo mais lucrativo foi muito acertada. Aos poucos ele foi conseguindo chegar aonde queria. A preocupação em relação à dívida já não lhe atormentava mais, pois, com todo o trabalho e dedicação que empreendeu durante mais esse período, foi conseguindo quitá-la.

Notável desde sempre é o empenho com que Silvio leva sua vida profissional. Não somente a determinação como também a coragem de ousar quando necessário. Com o sucesso das apresentações, os espetáculos começaram a extrapolar os limites da cidade, seguindo para o interior. As caravanas de Silvio ficaram famosas por diversas cidades, levando alegria Brasil afora.

Curioso também é um apelido que ganhou na época: "Peru que fala". Sendo de pele muito clara, com facilidade ficava vermelho, com as faces rosadas. E havia dois motivos para isso: ele falava muito durante seu trabalho de animador e também ficava com vergonha de algumas piadas que fazia. Surgiam assim as famosas "Caravanas do Peru que fala". Certamente foi uma fase que trouxe muitas memórias para a vida de Silvio, mas não deixou de ser uma época muito difícil também.

Cada vez mais a caravana fazia shows e viajava para destinos fora de São Paulo, e não eram poucos os custos envolvidos na realização da apresentação: aluguel de lona, pagamento dos artistas, custos das viagens e muitos outros. Para o idealizador, pouco sobrava de lucro quando descontado todo o valor que a estrutura do espetáculo exigia. Um dos maiores custos que a caravana tinha, e que estava inviabilizando economicamente o negócio, era o transporte. Para resolver esse problema de logística, a única solução seria um transporte próprio que fosse propício ao deslocamento da caravana. Era mais um obstáculo a ser contornado.

A saída encontrada foi buscar parceria para conseguir um jipe, que na época custava 200 mil cruzeiros. Para isso, Silvio pensou em tratar com quem vivia de negociações. Como era período de eleições, viu a oportunidade de propor uma troca para políticos: faria dezenas de shows divulgando o candidato em troca do jipe. Primeiramente, entrou em contato com o candidato Cunha Bueno, que gostou da ideia, mas só poderia financiar metade do jipe. Faltando 100 mil cruzeiros para conseguir o tão almejado veículo, foi atrás de outra possibilidade de parceria, indicada pelo próprio Cunha Bueno, Carlos Kherlakian. Conseguiu fechar mais shows com ele, mas não pelo valor suficiente para comprar o veículo. Como o deputado só conseguiria disponibilizar mais 50 mil cruzeiros, Silvio precisou entrar com a outra metade, obtida por meio de empréstimos. Mais uma vez, via-se diante de dívidas.

Enfim conseguira seu jipe para viabilizar a caravana. Infelizmente não como tinha planejado, afinal, precisava recuperar o dinheiro investido para concluir a transação, que não retornaria com facilidade. Não foi pouco o trabalho despendido para fazer a caravana acontecer. Para realizar os comícios negociados com os políticos, precisava fazer a propaganda, armar o palanque e ainda animar e apresentar os shows. Era praticamente uma maratona, considerando que ele ainda trabalhava como locutor na Rádio Nacional. Trabalhando arduamente e com pouco descanso, não é difícil imaginar que sua saúde tenha apresentado oscilações na época, afinal, o desgaste era imenso. Tudo isso somado à pressão psicológica de ter que pagar mais uma dívida acabou resultando em fragilidade e perda de peso.

Quando se lembra dessa época, Silvio já disse em entrevistas ter pensado em desistir de tudo, pois não sabia se aguentaria. Mas, com a força de vontade de sempre, não desistiu e seguiu lutando.

Como muitas das adversidades que passamos na vida, essa também foi uma época de aprendizado para Silvio, uma lição que lhe seria muito cara para tornar-se quem é hoje. Foi nessas caravanas – ou desde a época de camelô – que ele aprendeu a se aproximar do público, a criar empatia e um canal direto para que a população se identificasse com sua figura. Afinal, se não houvesse confiança por parte do povo, suas empreitadas não teriam tanto sucesso.

Foi nessa época que, devido a toda a intimidade que desenvolveu com o público, Silvio chamou a atenção de alguém que viria a ser muito importante em sua vida profissional: Manoel de Nóbrega. O já renomado locutor era alguém com quem Silvio tinha muito em comum. Assim como Silvio, Manoel também era natural do Estado do Rio de Janeiro, mas de Niterói. Também como o "Peru que fala", iniciou sua carreira artística ainda na capital carioca, onde trabalhou como radialista em emissoras de lá. Na década de 1940 mudou-se para São Paulo, onde trabalhou em emissoras de rádio como Cultura, Nacional e Tupi. Além de radialista, acompanhou e participou do início da TV brasileira, apresentando programas em diversas emissoras paulistas, como a TV Paulista, segunda emissora inaugurada em São Paulo (após a TV Tupi).

Manoel de Nóbrega desempenhou um importante papel na história do humor no rádio e na televisão brasileira. Ele foi o idealizador do *A Praça da Alegria*, programa de grande sucesso na televisão e que, um dia, faria parte da programação da própria emissora de Silvio Santos. O formato do programa surgiu em 1957 na TV Paulista, que posteriormente seria incorporada pela Rede Globo de Televisão. Manoel de Nóbrega interpretava o personagem que se sentava na praça e dialogava com os diversos tipos cômicos que apareciam com recorrência por ali.

E como foi que Manoel teve a ideia de um formato de humor que até hoje diverte muitos lares brasileiros? Curiosamente, não foi no Brasil, mas sim na Argentina. Certa vez que esteve de férias em Buenos Aires, observava da janela do seu hotel um homem sentado em uma praça que atraía os mais diversos tipos de pessoas diariamente para um bate-papo. Era o homem da praça original. Foi seu filho, Carlos Alberto de Nóbrega, que levou o mesmo formato de programa ao Sistema Brasileiro de Televisão, alguns anos após a morte do pai, que ocorreu em 1976. *A Praça é Nossa* estreou em 7 de maio de 1987, programa que até hoje faz parte da grade da emissora como um sucesso atemporal.

Mas até que a história chegasse nesse difícil momento da perda de um amigo na vida de Silvio, muitas águas ainda rolariam na relação entre esses dois importantes nomes da comunicação brasileira. Com o sucesso de público das caravanas do Peru que fala, Nóbrega resolveu convidar Silvio para trabalhar com ele apresentando os quadros "As aventuras do Peru que fala" e "Cadeira de Barbeiro" em seu programa na Rádio Nacional. Entusiasmado com o talento que percebera em Silvio, não só como locutor, mas também como vendedor, Nóbrega ainda o escalou para fazer parte do seu programa *A Praça da Alegria*, mas, dessa vez, como locutor comercial. Silvio, um comunicador nato, entrava cada vez mais em contato com o mundo da televisão, que se estabelecia como forma de entretenimento da população brasileira.

Além de radialista e apresentador de programas de televisão, Manoel de Nóbrega também era empresário. A sua atividade nos negócios envolvia a gestão do Baú da Felicidade – aquele que viria a se tornar o império de Silvio Santos. Tendo aproximado os dois profissionalmente, o destino se encarregaria de traçar os caminhos para que Silvio não só se envolvesse, mas também assumisse o controle total das operações do Baú.

O BAÚ DA FELICIDADE

O Baú da Felicidade chegou ao conhecimento de Silvio através de Manoel de Nóbrega. Mas não foi Nóbrega o cabeça por trás da ideia. Assim como ele apresentou o Baú a Silvio, também foi outra pessoa quem lhe mostrou o negócio. Em 1957, Nóbrega foi procurado na Rádio Nacional por um alemão com uma proposta simples: oferecer um baú de brinquedos anual aos clientes, com a facilidade de ser pago ao longo de todo o ano, em diversas prestações.

Visualizando o potencial do negócio, Nóbrega ficou muito interessado na proposta. Porém, havia um único obstáculo para a concretização do acordo: ele não tinha dinheiro para investir. Entretanto, isso não viria a ser um empecilho para o nascimento da empresa. O alemão propôs, então, um acordo: entraria com o investimento inicial, em troca veicularia anúncios nos programas da Rádio Nacional, que trariam visibilidade ao produto e potencializariam as vendas. Esses anúncios seriam pagos pelo próprio Nóbrega e a empresa ficaria em seu nome, devido à sua reputação e credibilidade como locutor diante do público. Parecia uma proposta em que os dois lados sairiam ganhando, afinal, Nóbrega não precisaria investir o dinheiro que não tinha e a outra parte conseguiria divulgação em uma rádio com enorme audiência a custo zero.

Assim que os anúncios começaram a ser transmitidos, começaram a surgir centenas de clientes interessados no tal baú de brinquedos. Era um sucesso para uma empresa com tão pouco tempo de vida, considerando que as vendas rapidamente ultrapassaram a quantidade de mil baús. O que era um sonho para Nóbrega acabou se tornando um pesadelo, não só para ele, como também para os clientes que esperavam ansiosamente a chegada dos brinquedos. A espera acabou em frustração, pois nunca receberiam o que compraram. Nóbrega, que não entendia o que estava acontecendo, foi atrás do alemão para saber quando os clientes receberiam os produtos que lhes eram de direito. A resposta que recebeu foi um balde de água fria, um problema que também estava em suas mãos.

O outro sócio do Baú da Felicidade havia perdido todo o dinheiro, sem possibilidade de reaver a quantia e, muito menos, cumprir com as obrigações impostas pelas vendas que haviam sido realizadas. Nóbrega viu-se então diante de um grande problema. Como uma estrela do rádio, o locutor passou a ser procurado pelos clientes que estavam se sentindo enganados, afinal, ele garantira a entrega dos baús em seus anúncios. Parecia que Nóbrega estava em um poço sem fundo: não só teria que resolver essa situação, como ainda teria que pagar pelos anúncios na Rádio Nacional. O cenário era crítico e o locutor precisava encontrar uma saída, ou alguém capaz de lhe trazer uma solução. Quem saberia lidar com o público e evitar escândalos? Para ele, não restava a menor dúvida de quem era a melhor pessoa para a tarefa: o Peru que fala.

Nóbrega procurou Silvio para explicar a situação em que estava metido, e que era urgente informar aos clientes que tudo seria resolvido e o dinheiro devolvido. Para isso, era preciso que ficasse de pronto atendimento na sede do Baú da Felicidade, acalmando os ânimos dos clientes para impedir que um escândalo se instaurasse em torno do tema. A princípio, Silvio, mesmo considerando Nóbrega um amigo, não aceitou o pedido, pois já tinha muitas coisas para lidar por si só. Como poderia cuidar da sua vida profissional atribulada e ainda receber os clientes do Baú? Para ele, não era uma ideia plausível.

Acontece que Nóbrega estava desesperado e fez questão de mostrar sua aflição a Silvio, com a intenção de comovê-lo sobre a importância da causa. Vendo o amigo tão angustiado, ele não pôde mais recusar ajuda e acabou assumindo a difícil missão. Foi assim que Silvio teve que se dirigir ao endereço na Rua Líbero Badaró, ao lado do Hotel Othon Palace, onde ficava a sede da empresa. Conhecendo Nóbrega, e tendo visto o sucesso de vendas do negócio, imaginou que fosse se deparar com uma empresa próspera e totalmente organizada, algo condizente com seu potencial.

Mas, surpreendentemente, chegou ao local e descobriu que o suposto escritório estruturado ficava no fundo de uma loja de péssima aparência. Para seu assombro, a degradação da fachada era ainda mais gritante no escritório do Baú – ou no porão em que se localizava. Quando chegou ao local, ainda encontrou uma moça e o tal do alemão trabalhando em cima de um mísero caixote. Logo se identificou como o novo encarregado das operações, pedindo para que o homem se retirasse. Era preciso colocar a mão na massa rapidamente para começar a receber os clientes e informá-los como Nóbrega havia lhe orientado.

Sobre esse dia, o próprio Silvio contou algumas lembranças em entrevista à apresentadora Hebe:

> “Eu comecei o Baú sem absolutamente nenhum tostão. Nenhum real, nenhum centavo. Eu cheguei em uma localidade, em uma loja que estava totalmente destruída e que o Nóbrega me disse que era o Baú da Felicidade. [...] Ele me pediu que eu devolvesse o dinheiro para quem tinha comprado o novo Baú, porque a empresa estaria terminada. Naquele dia que eu estive lá vieram aproximadamente oito ou dez pessoas, não mais do que isso. Eu tenho até um livro marcado com o número de cada pessoa que queria renovar o seu carnê.”

Foram dias recebendo os clientes e reafirmando o compromisso em reparar todo o prejuízo a que foram submetidos. Diversas vezes, quase como em um texto decorado, falava-lhes que o dinheiro seria devolvido prontamente. Nesse momento, também dizia aos clientes que não poderiam mais adquirir o produto, afinal, a empresa encerraria suas atividades. Mas, será que esse seria o desfecho da história? Será que nunca mais ouviríamos falar do Baú da Felicidade?

A história está aí para provar que não foi nada disso que aconteceu, e que, na verdade, a empresa do porão prosperaria e daria origem ao imenso grupo de Silvio Santos. Fato incrível que só poderia se tornar real com alguém de tamanha inventividade e capacidade para negociação. Nesse momento, Silvio conseguiu enxergar nas idas e vindas dos clientes exigindo seu baú de brinquedos uma possibilidade de sucesso em termos de negócio, desde que fosse bem administrado. Ousado como era, não poderia deixar uma chance como essa passar despercebida. Logo que percebeu o potencial do Baú, procurou Nóbrega para lhe fazer a proposta. Disse que acreditava que aquilo poderia dar certo, e propôs uma sociedade ao estilo da selada anteriormente com o alemão: enquanto entrava com um investimento conforme suas possibilidades, o colega da Rádio Nacional permaneceria como responsável pela publicidade, pagando pelos anúncios de divulgação.

Sabendo que poderia confiar muito mais em Silvio do que no alemão, Nóbrega aceitou a proposta de sociedade, evitando assim que a empresa fechasse. Agora era o momento de reestruturar a forma de gerenciar a empresa para alcançar a prosperidade. Silvio, como um exímio gestor, começou a empreender diversas mudanças nos mais variados aspectos da empresa. A primeira medida da nova gestão foi alterar a embalagem do baú de brinquedos, deixando-a mais atrativa. A antiga embalagem mais parecia um caixão, o que não era nem um pouco agradável aos olhos dos clientes. Além disso, passou a oferecer os brinquedos em catálogos; dessa forma, o próprio cliente escolheria o brinquedo que iria receber no fim do ano, após pagar todas as mensalidades. Uma simples mudança que certamente traria mais satisfação ao público.

Como Silvio sabia que os vendedores eram os principais contatos dos consumidores com a empresa, também passou a exercer uma vigilância rigorosa sobre eles. Percebeu que muitos mentiam com o objetivo de concluir a venda com mais facilidade. Essa atitude desonesta não era vantajosa nem para os clientes nem para a empresa, que, no fim, não entregaria o prometido. Acompanhando de perto o dia a dia de sua força de vendas, Silvio começou a demitir aqueles que não tinham uma conduta ética e adequada à nova política de gestão, impedindo que as práticas inapropriadas se alastrassem pela empresa.

Foi assim que, aos poucos, o negócio foi tomando um caminho adequado e crescendo conforme era possível. Logo após a estabilização e sucesso nas vendas dos brinquedos, em 1958, o olhar de Silvio já se voltava para possibilidades de expansão. Ora, já que o modelo de pagamento de carnês em troca de produtos estava dando certo e gerando aceitação do público, por que não começar a oferecer outros produtos que pudessem agradar ainda mais? Foi assim que novas linhas foram entrando no catálogo do Baú da Felicidade. Logo, a empresa passou de especialista em baú de brinquedos para fornecedora de louças e, em seguida, utilidades domésticas. E não demoraria para que Silvio visualizasse novas ofertas de produtos exclusivos para os clientes do Baú, solicitados por ele a grandes empresas, como a Estrela.

Dessa forma, foi possível mudar do porão deplorável para uma sala mais ampla (ainda que pequena) na Rua Xavier de Toledo, ainda no centro de São Paulo. Um grande avanço para Silvio, que não precisaria mais ver seus clientes sendo recebidos no porão dos fundos de uma loja nada convidativa. Com sua visão ambiciosa e destemida de gestor, ele dava passos cada vez mais largos no comando do Baú. Para se ter ideia, ele negociou uma boneca exclusiva com a Estrela, tendo que comprar 40 mil unidades do brinquedo – o que criava a necessidade de um altíssimo número de vendas.

Nóbrega acompanhava tudo de longe e ficou muito assustado quando soube do alto valor com o qual a empresa estava se comprometendo por causa da visão otimista de seu sócio. Quando soube da negociação dos produtos exclusivos, sentiu que era o momento de elucidar seus sentimentos em relação aos rumos do Baú da Felicidade. É fato que ele ainda estava traumatizado pela sociedade desastrosa com o alemão e, por isso, não conseguia ver com bons olhos qualquer necessidade de investimento para fazer a empresa crescer. Era óbvio que ele não estava na mesma sintonia que Silvio. Ciente das ambiciosas negociações da empresa, afirmou que temia a coragem do amigo, com receio do que poderia acontecer com eles se dessem um passo muito ousado. Propôs, assim, que Silvio ficasse com toda a empresa, já que não se sentia dono ou merecedor de qualquer fruto que o Baú pudesse render.

O novo dono do Baú não pensou duas vezes sobre a proposta e nem precisou ser convencido como da primeira vez. Aceitou ser o único responsável pelo Baú, mas queria, de alguma forma, recuperar o dinheiro que Nóbrega havia perdido por causa da falcatrua do alemão. Para selar o acordo entre ambos, o ex-sócio recebeu 5 mil cruzeiros, como forma de compensação pelas perdas e pela antiga responsabilidade por uma empresa que não estava mais à beira da falência. O valor recebido pelo fim do contrato certamente foi muito inferior em relação a tudo que o Baú ainda faturaria. Mas, o fato é que a empresa só tomou grandes proporções em virtude da ousadia, dedicação e visão de Silvio.

Foi então que Silvio fundou a empresa Silvio Santos, que, futuramente, se tornaria o grupo homônimo. Certamente, esse momento em 1958 foi um marco histórico, não só para o empreendedor, mas para todo o país, que ainda testemunharia uma vida inteira de trabalho e dedicação, voltado especialmente às classes populares da nação. No centro da cidade, a sede da empresa passou por dois endereços, primeiramente na Rua Xavier de Toledo e mais tarde na Rua Quirino de Andrade. Nesse último local permaneceu por mais tempo, apresentando um crescimento cada vez mais vertiginoso.

Em 1963 houve a mudança de nome para BF Utilidades Domésticas, tornando a empresa popularmente conhecida como Baú da Felicidade. A vida trataria de transformar esse pequeno negócio em um grande motivo de felicidade para Silvio – ou um deles, já que muitas empresas se formariam a partir dessa. Chegada a década de 1960, não era somente a carreira de empresário de Silvio que andava a passos largos; agora, ele estava próximo de atuar no que viria a ser uma das grandes paixões da sua vida: a televisão.

UM MARCO NA ERA DA TELEVISÃO

Nóbrega podia não ter o espírito audaz e empreendedor de Silvio, mas em um ponto tinha razão: os contratos que estavam sendo fechados para a fabricação dos produtos exclusivos eram muito ousados. De repente, Silvio teve que vender milhares de produtos para não correr o risco de entrar em falência mais uma vez. Para conseguir atingir sua meta de vendas, ele precisava encantar os clientes e necessitava de algo realmente atrativo para conquistá-los.

Como era um homem de soluções criativas, logo percebeu que não precisava ir longe para divulgar o Baú: encontrou nos shows das caravanas a resposta para o seu dilema. Com a grande quantidade de shows que elas alcançavam e a presença marcante em diversos lugares, não demorou muito para que o Baú se tornasse bastante popular e para que as vendas atingissem os números esperados. Silvio, mais uma vez, evitava o temido encerramento das operações.

Em 1963, no momento da virada para BF Utilidades Domésticas, a linha de produtos disponíveis era bem mais extensa, incluindo itens como geladeiras, televisores e panelas. Os clientes não escolhiam mais os produtos que desejavam em catálogo, pois podiam dirigir-se a uma das lojas do próprio Baú para comprar o que precisavam. Pouco antes disso, em junho de 1960, houve mais um fato marcante na trajetória, que definiria boa parte do rumo que Silvio tomaria em sua vida: a estreia do programa *Vamos Brincar de Forca*. A partir desse momento, o locutor de rádio passaria a ser também apresentador de televisão.

Na década de 1960, após dez anos de estreia da televisão brasileira, o meio de comunicação buscava firmar sua audiência junto ao público, tendo que criar seus próprios trunfos frente aos populares e já estabelecidos rádio e cinema. Era preciso estimular o hábito de assistir à televisão entre os potenciais telespectadores e, para isso, as emissoras necessitavam de uma programação cativante. Nessa época, Silvio já era um renomado e popular locutor da Rádio Nacional, com uma voz consagrada diante do público. Por isso, foi convidado para apresentar o referido programa, que iria ao ar no período noturno na TV Paulista.

Para a sua estreia nas telinhas, aproveitou o que de melhor sabia fazer: brincadeiras com sorteios de prêmios e shows ao estilo circense. O programa foi marcante para a televisão brasileira e também em sua carreira.

Logo, Silvio percebeu que poderia se dar bem como apresentador de televisão e que deveria investir na área. Para além de seu sucesso pessoal, também enxergou um potencial crescimento de seus negócios a partir de um trabalho de divulgação que atingiria cada vez mais clientes. Foi assim que começou a tomar forma a ideia do *Programa Silvio Santos*, a atração que tomaria conta dos domingos nos lares brasileiros. Para esse programa, partiu do próprio apresentador a ideia de adquirir um espaço na televisão para sua nova aposta.

Animado com os bons índices de audiência, Silvio adquiriu duas horas na grade de programação aos domingos para lançar sua própria vitrine. O programa, com horário inicial do meio-dia às duas da tarde, estreou em 2 de junho de 1963. Esse seria apenas o início de uma longa história na televisão brasileira – que continua sendo escrita.

O programa chegou a entrar para o *Guinness Book*, em 1993, por ser o mais duradouro do mundo, na época, sendo exibido há 30 anos. E não parou por aí, em junho de 2017 o *Programa Silvio Santos* completou impressionantes 54 anos no ar. Não é um recorde para qualquer um.

Com base em tudo que já fazia e tendo em vista o modelo do Baú da Felicidade, Silvio fez de seu novo programa um momento de shows, brincadeiras e prêmios. Ou seja, ele se encarregava de divertir as tardes de domingo dos seus telespectadores. O programa que tinha apenas duas horas de duração rapidamente teve seu horário estendido e passou a ocupar a tarde inteira dos domingos. Aos poucos, e conforme a televisão ia se estabelecendo no país, Silvio conquistava o público e também mais clientes para sua empresa, o que muito lhe agradava. Desde o primeiro programa, o apresentador ganhava o carinho do povo. Assim, o *Programa Silvio Santos* conseguiu criar nos telespectadores o hábito de reservar seu domingo para assistir à televisão. Os quadros principais eram: "Cuidado com a Buzina", "Só Compra Quem Tem", "Rainha por um Dia", "Partida de 100" e "Pergunte e Dance". Quando estreou na televisão, o foco publicitário do programa era apenas o Baú da Felicidade, como pensado originalmente. Durante a exibição, Silvio promovia o negócio para torná-lo cada vez mais conhecido a fim de também conseguir alavancar as vendas. O apresentador, entretanto, logo percebeu que poderia ir além: por que ficar só no Baú da Felicidade se poderia atrair outros anunciantes graças ao sucesso e credibilidade que estava conquistando junto ao público? Ele percebeu que seu programa poderia ser uma ótima vitrine de produtos, além dos seus próprios. Foi assim que surgiu a Publicidade Silvio Santos Ltda., uma empresa que passaria a controlar todas as transações de publicidade que envolviam o grupo. E, mais uma vez, o empresário não parou por aí.

O sucesso do programa fez com que Silvio aproveitasse a oportunidade de atuar em outra frente. Afinal, já que fazia a divulgação de produtos em seu programa, por que não produzir esses comerciais? A Studios Silvio Santos Cinema e Televisão Ltda. era sediada nos antigos estúdios da TV Excelsior, na região da Vila Guilherme, em São Paulo. Nesse estúdio de cinema seriam produzidas até mesmo atrações para outras emissoras, utilizando a expertise que o grupo adquirira no mundo da televisão. Nessa época, Silvio não só investiu no crescimento de seu grupo empresarial, como também estreitou as relações com profissionais que ficariam ao seu lado por décadas. Tal é o caso dos consagrados Roque e Lombardi.

Lombardi – ou sua voz – tornou-se imortal na televisão brasileira pelo seu protagonismo no *Programa Silvio Santos*. Afinal, quem não se lembra do bordão "É com você, Lombardi!", a deixa para que o vozeirão invadisse o programa com seus anúncios? Realmente, trata-se de um marco na história da televisão brasileira. Luís Lombardi Neto nasceu em São Paulo, em 1940, e desde pequeno tinha o sonho de ser locutor de rádio. Ele conheceu seu eterno patrão nos estúdios da TV Paulista, quando Silvio já apresentava programas. Na época, Lombardi fazia um teste para trabalhar como locutor esportivo na emissora. Impressionado com a potência e o talento daquela voz, Silvio o convidou para fazer parte do seu programa. Havia uma peculiaridade nessa participação, entretanto: Lombardi não poderia aparecer nem mesmo mostrar sua imagem longe do programa.

A intenção de Silvio era criar um personagem que carregasse junto a si um mistério em relação à sua imagem. Para isso, era preciso que apenas a voz fosse conhecida e reconhecida, já que era muito marcante. O personagem de fato manteve o seu mistério por muitas décadas, pois o público só descobriu sua verdadeira imagem no século seguinte. Por muitos anos os telespectadores, encantados com a voz de Lombardi, imaginavam como seria a figura daquele homem que os acompanhava todos os domingos. Até o final da sua vida, em 2 de dezembro de 2009, Lombardi trabalhou ao lado de Silvio em seu programa. A parceria que o apresentador havia estabelecido na década de 1960 se revelou muito duradoura e proporcionou um enorme sucesso à atração.

Outro personagem mítico que Silvio ajudou a construir junto à população brasileira foi o seu assistente de palco Roque. Roque, na realidade, conhecia Silvio desde 1955, mas somente na futura emissora do apresentador é que a relação ficaria marcada por todo o Brasil. O atual diretor de palco do SBT encontrou com Silvio ainda na Rádio Nacional. Na época, ele conta que estava desempregado e foi tentar arranjar alguma ocupação na rádio para ter sua carteira assinada. Começou a trabalhar na portaria e como office boy. A forma com que os dois se aproximaram em posições tão distantes foi no mínimo curiosa. Cada vez mais conhecido e admirado pelo público, Silvio tinha inúmeros fãs e recebia muitas cartas desde a época da rádio. Logo, as correspondências enviadas para Silvio eram entregues por Roque, que passou a ficar mais próximo do futuro patrão.

Certamente, ao longo de sua trajetória, Silvio soube valorizar e incentivar o desenvolvimento de muitas estrelas. Dessa forma, conquistou sucesso e credibilidade não só para ele, mas também para muitos que estiveram ao seu lado durante a longa jornada. O caminho desse grande empreendedor também é o caminho das pessoas que construíram esse legado em sua companhia.

Ao passo que seguia se dedicando e expandindo o sucesso do *Programa Silvio Santos*, também concentrava esforços na expansão de suas unidades de negócio. Fruto da necessidade ou da oportunidade bem aproveitada, fato é que o Grupo Silvio Santos não parava de crescer.

O Baú da Felicidade caía nas graças do público e, conseguindo vender os produtos exclusivos que desenvolveu, o homem do Baú partiu para outras frentes. Ele queria fornecer cada vez mais produtos para os brasileiros, que sempre respondiam muito bem às suas empreitadas. O ano de 1964 foi tumultuado para o Brasil: em termos políticos, os ânimos estavam acirrados, pois o então presidente João Goulart não era bem-visto por uma parcela das classes política e empresária, receosa com as reformas de base que o presidente desejava fazer. O 1º de abril de 1964 entrou para a história como o dia do golpe que tirou Jango do poder, bem como o início da ditadura militar no país. Em meio ao caos político, a inflação acumulada de 1964 foi de 89,9%, o que prejudicava muito o poder de compra da população brasileira.

Diante do cenário, Silvio teve a sacada de distribuir moradias por meio do Plano da Casa Própria no Baú da Felicidade. Criou-se até mesmo o *Festival da Casa Própria*, programa exibido aos sábados na TV Tupi para promover o novo projeto. A atração somava prêmios, música e diversão, e também era onde o apresentador realizava os sorteios das casas que iriam para os clientes do Baú. A urna de sorteio, inclusive, era moldada no formato de uma casa. O apelo de dar uma casa própria para os clientes e telespectadores era muito forte e a demanda crescia cada vez mais. Porém, houve uma questão legislativa que atrapalhava o crescimento da iniciativa: para que ocorresse o sorteio, era preciso que o grupo adquirisse com antecedência as tais moradias, exigindo um alto investimento e imensa burocracia no processo.

A solução encontrada foi a criação de uma construtora do próprio grupo, o que reduziria os custos e aceleraria o processo. Foi assim que, em 1965, nasceu a Construtora Comercial BF, que posteriormente viria a ser a Baú Construtora. Em seguida, novos negócios seriam incorporados ao grupo em virtude do progresso.

Esse também foi o caso da Concessionária Vimave, que tornou-se necessária devido aos sorteios de carros. Nesse ritmo, o crescimento vertiginoso do grupo se mostrou eficiente e sustentável.

O embrião do negócio que viria a ser o Banco Panamericano foi fundado em 1969, a Baú Financeira. Inicialmente, a empresa foi criada com o objetivo de impedir que o dinheiro adquirido com as prestações do Baú fosse desvalorizado e, consequentemente, investido no cenário de alta inflação em que o Brasil vivia. Entre 1965 e 1975, dez empresas foram incorporadas ao Grupo Silvio Santos, com atuações que variavam do entretenimento ao ramo de construtoras. A essa altura, não parecia haver limites para o tamanho da estrutura.

A estratégia de Silvio de apoiar a figura do artista na do empresário e vice-versa rendia cada vez mais resultados. Sua visão de longo prazo e de oportunidades viabilizava negócios nos mais variados mercados. E a persona do artista ia muito bem, obrigado, crescentemente mais admirado e reconhecido. Em 1964, Silvio ganhou pela primeira vez o importante Troféu Imprensa na categoria Melhor Animador. Esse era o reconhecimento de todo o seu talento, um potencial que vinha sendo cultivado desde antes da sua estreia na televisão. O Troféu Imprensa foi criado em 1958 pelo jornalista Plácido Manaia Nunes, com o objetivo de celebrar os destaques da música e da televisão brasileira anualmente. É o mais antigo prêmio anual do gênero.

Silvio sempre valorizou muito o Troféu e, em 1970 teve a oportunidade de adquirir seus direitos autorais e, posteriormente, de produzir e transmitir o prêmio em sua própria emissora de televisão. Já em 1971, Silvio apresentaria a importante premiação no *Programa Silvio Santos*. O programa na TV Paulista deu tão certo que em 1965 ele foi chamado para apresentar um programa noturno semanal que nasceria com o nome *Festa dos Sinos*, até se transformar em *Silvio Santos Diferente*, que chegou até a ser transmitido pela TV Tupi. No ano seguinte, em 1966, a TV Paulista foi adquirida pela Rede Globo de Televisão e um contrato de cinco anos de duração foi assinado. Nesse mesmo período, Silvio e sua equipe realizaram uma façanha que mostra quão significativos o apresentador e seu programa foram para o país inteiro: conquistaram uma audiência maior do que o *Programa Jovem Guarda*, o maior sucesso da época, apresentado por Roberto Carlos.

Será que ele conseguiria imaginar, no início de sua carreira como locutor, ou mesmo ainda menino, como camelô no Rio de Janeiro, os triunfos que alcançaria ao longo da vida? O mais impressionante é que Silvio parece fazer tudo com leveza, como se o trabalho fosse uma divertida brincadeira. O próprio apresentador já disse que aos domingos só quer entrar nos lares brasileiros como uma criança, deixando transbordar o seu lado infantil. Encarando o trabalho como diversão ou não, não há como negar que o seu império foi construído com enorme dedicação e esforço. Afinal, só alguém com um objetivo muito claro na vida, que não desiste nunca, é capaz de bancar as jogadas ousadas que Silvio empreendeu diversas vezes.

Certa vez, respondendo a perguntas da plateia no programa *De Frente com Gabi*, Silvio deixou um grande ensinamento sobre negócios, ou sobre como ele chegou lá:

> “Uma das coisas que não deve preocupar quem quer se meter em qualquer tipo de negócio são os elogios ou as críticas. Se você fizer o que sua intuição manda, e usar o bom senso, deixando de lado a vaidade, você tem todas as possibilidades de conseguir o seu objetivo. Só não consegue o objetivo quem sonha em demasiado, só não consegue o objetivo quem pretende dar o passo maior do que a perna, quem acredita que as coisas são fáceis. Todas as coisas são difíceis, as coisas têm que ser batalhadas. Se você conseguir algo facilmente, desconfie, porque não é tão fácil quanto parece.”

Com o sucesso em seu ofício como apresentador, logo apareceria para Silvio uma pequena luz sinalizando novos caminhos. Já que era um especialista em produzir e apresentar programas, por que não criar sua própria emissora? Uma emissora de televisão sempre foi um negócio gigante, com necessidade de investimento bilionário.

Era um sonho ousado, mas não tanto a ponto de desmotivar alguém com o perfil de Silvio. Ao contrário, a perspectiva o atraía ainda mais. Afinal, ele queria – e sabia que podia – conquistar sempre mais. O contrato com a Globo também estava chegando ao fim, o que levantava muitos questionamentos para Silvio e para todos ao seu redor: será que ele continuaria na emissora? Será que partiria para novos rumos? A história se encarrega de mostrar a magnitude do caminho que ainda estava reservado para o apresentador.

O PRIMEIRO CASAMENTO

Ainda que quase ninguém soubesse, pouco depois de estrear seu primeiro programa na TV Paulista, Silvio Santos já era um homem casado. Para alguns, seu status de relacionamento passava despercebido, até porque ele fazia questão de manter a discrição na época. O fato é que Silvio era um artista crescentemente admirado e com cada vez mais fãs, chegando a ocupar posto de galã com seu sorriso carismático. Quando colocava sua voz para fora, no rádio ou na televisão, o apresentador aumentava sua fama e também conquistava mais admiração. Na década de 1960, à diferença dos dias de hoje, ser visto como um homem casado não era interessante para um artista renomado. O mundo das celebridades brasileiras ainda estava em ascensão, havia uma crença geral de que astros casados poderiam perder pontos com as fãs. Nenhum deles, incluindo Silvio, queria arriscar sua credibilidade – ou sua fama.

Mas quem havia conquistado o coração do apresentador na década de 1960? Seu nome era Maria Aparecida, mais conhecida como Cidinha. Silvio e Cidinha se casaram no dia 15 de março de 1962, quando ele estava com 31 anos. Junto à estreia na televisão, Silvio estreava sua vida a dois. O casal se conheceu na Rádio Nacional, quando Silvio trabalhava como locutor. Como já mencionado, o rádio era o reduto dos artistas nesse momento da história brasileira, o lugar onde a magia acontecia. Assim como Cidinha, muitas moças cumpriam expediente na porta das emissoras para conhecer seus ídolos, donos das vozes que ecoavam através das ondas de seus radinhos.

Quando conheceu Silvio, Cidinha não trabalhava e, por isso, gostava de ir até a sede da rádio para encontrar seus artistas prediletos. Foi em uma dessas visitas que o futuro casal acabou se conhecendo. No início, no entanto, não houve clima de romance, eles eram apenas bons amigos que desfrutavam muito do papo e da companhia um do outro. Talvez já houvesse um sentimento lá no fundo, mas era difícil dizer. O importante é que, no fim, o que era apenas amizade acabou se tornando amor verdadeiro.

O amor do jovem casal acabou resultando, inclusive, em uma mudança de endereço por parte de Silvio. O apresentador morava na Rua Ipiranga, mas, incentivado pela paixão que crescia entre eles, acabou se mudando para a pensão de dona Duzolina Bandeira Vieira – ou dona Gina –, a mãe de Cidinha. Inclusive, foi nessa pensão, localizada na Rua Treze de Maio, que Silvio recebeu aquele famoso telefonema de Manoel de Nóbrega implorando por socorro no caso do Baú da Felicidade. Para o jovem Silvio, o momento era de emocionantes acontecimentos em várias esferas da vida.

Apaixonados, Cidinha e Silvio resolveram se casar. Mas, devido ao medo que o futuro marido tinha de perder seu posto de celebridade, o casamento foi realizado praticamente às escondidas, sem muito alarde. Afinal, ele não queria que sua vida pessoal atrapalhasse o sucesso profissional. A situação não deve ter sido fácil para Cidinha, obrigada a omitir muitas vezes que era esposa do famoso Silvio Santos. Para colegas, ela chegou a admitir que se incomodava em ter que fingir não ser casada com seu próprio marido. Chegou até a dizer a uma amiga que tinha vontade de pregar a certidão de casamento na porta da casa onde morava com Silvio, para que parassem de importuná-la com essa pergunta.

Ainda que apaixonada pelo marido, ela não gostava de ter que provar sua posição como esposa. O próprio apresentador, em reflexão posterior sobre a situação, chegaria a se arrepender de ter feito isso com Cidinha. Ele sabia que não era justo com a esposa, afinal, ela era muito parceira e esteve ao seu lado não só nos momentos de alegria, como também em situações de dificuldade. Quando o Baú da Felicidade ainda estava expandindo suas atuações, muitas funções eram desempenhadas pelo próprio Silvio (como o embrulho dos baús, por exemplo) e por Cidinha. Em alguns momentos, parecia uma missão impossível embrulhar todos os baús que deveriam ser entregues. Mas Silvio contou com a parceria da esposa, que trabalhava noites adentro no processo de embalagem. Alguns amigos do casal também chegaram a participar da operação.

Após o casamento, Silvio e Cidinha ainda moraram durante um tempo na pensão de dona Gina. Mas, em busca de trilhar seus caminhos e ter o próprio espaço, o jovem casal se mudou para uma casa alugada em outra região da cidade de São Paulo. A primeira viagem que fizeram juntos como marido e mulher foi para o Rio de Janeiro. A motivação não era apenas o lazer, mas também uma razão muito especial: levar Cidinha para conhecer a família de Silvio, que agora era sua família também. Porém, a viagem que começou como uma visita tranquila à família acabou se transformando em uma verdadeira aventura, com direito a uma situação inusitada na volta.

Para viajar de São Paulo ao Rio de Janeiro, Silvio conseguiu um carro da marca francesa Javelin, percorrendo o trajeto de ida da maneira mais calma possível. Mas a volta não foi tão bem assim. O carro acabou quebrando na estrada, deixando-os na mão. Sem a opção de consertar o veículo, era preciso conseguir outro meio de transporte para retornar para casa. A forma encontrada para resolver a situação foi pegar carona na carroceria de um caminhão. O que era para ser uma ocasião romântica acabou se transformando em uma situação cômica: dois recém-casados sendo levados por um caminhão estrada afora.

Pelo fato de Silvio ter tentado esconder seu verdadeiro estado civil, não há muitos registros do apresentador ao lado de sua primeira e amada esposa. Há um vídeo curioso, entretanto, não só pela presença de Cidinha, mas também por mostrar a dimensão da popularidade de Silvio desde a década de 1960. A gravação foi feita na estreia do filme *O Puritano da Rua Augusta*, dirigido e estrelado por Mazzaropi. O filme era sobre um pai de família que causa problemas para sua segunda mulher e os filhos ao fazer campanha moralista contra maiôs, rock e libertinagem – uma comédia de costumes bem típica do cineasta.

O evento foi realizado em janeiro de 1965, no hoje já fechado Cine Art-Palácio, que era localizado na Avenida São

João, 419. Nos registros filmados, há uma multidão aguardando os artistas convidados e também os que participaram do filme. Rapidamente, é possível perceber Silvio chegando com Cidinha ao seu lado para a exibição. Nessa ocasião, Silvio apresentou o elenco do filme no palco do cinema e o vídeo mostra o narrador chamando-o de "o popular cartaz da televisão". Silvio também pode ser visto à vontade abraçando os artistas que compõem o elenco do filme.

Apesar de toda fama e popularidade junto ao público brasileiro, na intimidade o apresentador era tratado de maneira muito simples pela mulher. Afinal, para Cidinha ele não era Silvio Santos, "o popular cartaz da televisão", mas apenas "Neco" – apelido carinhoso cujo significado era o diminutivo de "boneco". Cidinha teve uma importância fundamental na vida de Silvio, pois foi ela quem apresentou e trouxe ao convívio muitas pessoas que viriam a ser essenciais na vida do apresentador.

Uma das figuras mais marcantes na vida pessoal e profissional de Silvio foi Mário Albino Vieira, irmão de Cidinha. No início, Mário não tinha muita intimidade com o seu cunhado, pois não confiava plenamente no marido de sua irmã. Porém, em um futuro não tão distante ele viria a trabalhar com Silvio em suas empresas, chegando a ser inclusive presidente do Grupo Silvio Santos. Albino continuaria ao lado de Silvio mesmo após a dura perda que os dois sofreriam. A vida, certamente, reservava um duro golpe para toda a família.

Com Cidinha, Silvio teve duas filhas. A primeira foi Cintia Abravanel, que nasceu no ano seguinte ao casamento, em 1963. Cintia, mesmo com toda a fama e riqueza que teve ao seu redor, guarda como principal lembrança da infância uma simples conversa que teve com seu tio Mário Albino, como relatou à revista *IstoÉ Gente*: "Ele disse que tinha pintado o céu para mim com um pincel encantado".[2] Pela escolha do momento, não é de se estranhar que a primogênita de Silvio tenha sempre demonstrado muito interesse pelas artes. Ela chegou, inclusive, a administrar o Teatro Imprensa (que seria incorporado ao Grupo Silvio Santos) durante muitos anos, tendo sido responsável também pela adaptação para os palcos da novela *Carrossel*, fenômeno de público do SBT.

A segunda filha do casal, Silvia Abravanel, não tem laço de sangue, mas de coração. Silvia entrou em 1971 na vida da família Abravanel, quando Cintia já tinha mais de sete anos. A primogênita diz se lembrar até hoje do dia em que a irmã chegou à casa da família, recebida com muita alegria por todos.

Conforme relatou durante participação no programa *Eliana*:

> Eu chamo a Silvinha até hoje de "irmã atrás da porta". Lembro que voltei da escola aflita, porque sabia que ela estava chegando em casa. Fui correndo pro quarto, direto pro berço – que estava vazio. Fiquei superdecepcionada. Não vi um bebezinho. Mas, quando virei, a Silvinha estava no colo do meu pai, atrás da porta. Desde esse dia, a gente nunca mais se separou.

Silvia, na realidade, poderia ter sido filha de Manoel de Nóbrega, que recebeu o pedido de adoção diretamente da mãe da criança. Nóbrega respondeu à mulher que não poderia ficar com a menina, pois já era um homem de idade avançada e também tinha um filho adulto. Carlos Alberto, nascido em 1936, já estava com mais de trinta anos quando do nascimento de Silvia. Silvio e Cidinha decidiram, então, pela adoção e a receberam com alegria poucos dias após seu nascimento. Agora, com mais uma menina para criar, a família parecia ainda mais completa.

É notável a forte ligação que Silvio e Manoel de Nóbrega estabeleceram desde sempre. Esse vínculo se estendeu também para o filho de Manoel, o igualmente humorista Carlos Alberto de Nóbrega, que relembrou à revista *Contigo!* um momento engraçado da relação dos dois, quando estava prestes a se casar:

> "Eu precisava comprar o enxoval para meu primeiro casamento. Ao chegar em Buenos Aires, Silvio me convenceu a comprar muamba e revender no Brasil, porque as coisas eram muito baratas. Voltamos com lapiseiras, barbatanas, isqueiros a gás, roupas de náilon... Ganhamos quatro vezes mais".[3]

A vida para Cidinha e Silvio era aparentemente tranquila. Apesar da vida dupla que o apresentador parecia levar, o dia a dia seguia normalmente para a família, mesmo tendo que omitir sua mulher para o público e para as fãs em vários momentos. Todavia, uma ocorrência de grande impacto abalou repentinamente a paz no lar Abravanel. Essa notícia atingiu em cheio o apresentador.

Durante uma viagem em que desfrutava da companhia do marido na Europa, em 1973, Cidinha sentiu fortes dores no estômago, indicando que algo poderia estar errado com sua saúde. As suspeitas foram confirmadas da pior forma possível: Cidinha foi diagnosticada com câncer no aparelho digestivo. Durante quatro anos, ela sofreu com essa doença devastadora, sem ter certeza sobre sua expectativa de vida. Foram duros anos de tratamento intensivo, que marcaram toda a família, especialmente Silvio, que padecia de uma tristeza profunda diante da situação.

Silvio já era um homem de posses, mas, ainda assim, o câncer é uma doença implacável mesmo para aqueles que possuem os mais modernos recursos disponíveis para tratamento. Essa enfermidade revela que em muitos momentos da vida o dinheiro de nada serve. Silvio sentiu a angústia na pele, pois seu patrimônio não pôde salvar a vida de sua amada mulher.

Na época, o apresentador não mediu esforços em busca do melhor tratamento para o câncer que acometia a esposa. A esperança ainda existia, mas foi se esvaindo conforme os anos passavam.

Na tentativa de salvá-la, Silvio enviou Cidinha para realizar um tratamento em Nova York em 1976, onde permaneceu internada por vários meses em uma clínica na metrópole norte-americana. O tratamento, no entanto, mostrou-se ineficiente, e logo Cidinha retornou ao Brasil com poucas chances de sobrevivência. Já em território brasileiro, teve que ser internada diversas vezes no Hospital Israelita Albert Einstein, em São Paulo. As duras batalhas se seguiram até que Cidinha não suportou mais. Depois de várias tentativas frustradas, não havia mais o que fazer. Silvio ficou viúvo precocemente, antes de completar 50 anos, e com duas filhas para criar.

Os últimos dias de Cidinha foram no Albert Einstein, mais especificamente na unidade de tratamento intensivo. O adeus do casal aconteceu ali mesmo, na UTI, com Cidinha já muito debilitada. Mesmo à beira da morte, a mulher continuava sendo a esposa amorosa e parceira que sempre se dedicou ao marido. Ainda que estivesse muito doente e precisando de cuidados, não deixava de se importar com o seu "Neco": "Neco, você tomou seu café da manhã?". Alguns minutos depois de externar sua preocupação carinhosa, deu seu último suspiro. Cidinha faleceu no dia 22 de abril de 1977. Para Silvio, essa foi uma experiência devastadora, que deixaria marcas para sempre em sua vida.

Silvio é avesso a entrevistas, mas, quando os telespectadores fazem perguntas em relação aos detalhes de sua vida pessoal, ele não hesita em responder. Foi assim quando uma telespectadora o questionou, em 1988, sobre as maiores dores e alegrias da sua vida. Nessa ocasião, a resposta foi sincera e emocionante. Muitos poderiam até supor que Silvio citaria momentos da carreira, como o nascimento de sua emissora com o título de maior alegria, por exemplo. Mas, surpreendentemente, ambas as respostas estavam relacionadas a questões familiares:

> "A minha maior tristeza foi a morte da minha primeira mulher, Cida, aos 39 anos, com câncer no estômago. A minha maior alegria foi ter conhecido a minha atual esposa, Iris."

Os anos que se passaram durante a doença de Cidinha foram dramáticos para Silvio, mas também muito importantes em termos profissionais. Seria nessa época que ele daria largos passos para a realização de muitos sonhos. A disparidade de emoções que experimentava nesse momento demonstra que nada foi fácil para o empreendedor, pois, ainda que tenha alcançado muitas conquistas ao longo de sua trajetória, como ele mesmo gosta de enfatizar, também enfrentou duras perdas no caminho.

A NOVA FASE NA REDE GLOBO

A Rede Globo de Televisão é a maior emissora brasileira da categoria, não apenas em termos nacionais, como também em parâmetros mundiais, sendo considerada a segunda maior emissora do mundo. De acordo com a reportagem do G1, somente em 2016, o Grupo Globo, que abrange os negócios da Globo Comunicação e Participações (TV aberta, TV paga, revista, internet etc.), apresentou um faturamento de impressionantes R$ 15,3 bilhões, com um lucro líquido de R$ 2 bilhões. Detalhe que os expressivos números ainda representam uma retração em relação a 2015, considerando a recessão econômica enfrentada pelo país.[4]

Não há como negar que o conglomerado de mídias fundado pelos irmãos Marinho é insuperável em termos de produção e faturamento. O próprio Silvio Santos, com seu SBT, uma das principais concorrentes da Rede Globo em termos de transmissão aberta, ressalta a liderança ocupada pela emissora, uma posição que ele afirma ser imbatível. Em um bate-bola com a plateia do programa *De Frente com Gabi*, o dono do

SBT falou sobre a emissora rival, que também já contemplou seu programa:

> "Nós de televisão estamos vendo que, por mais que a Record queira se aproximar da Globo, em todos esses anos ela não passou de 11 pontos e ultimamente tem caído para 10, para 9, para 8 pontos. O que significa que o público dificilmente vai deixar a Globo. A Globo é um muro e ultrapassar esse muro a gente só consegue de vez em quando. Claro que você tem um jogo de futebol entre o Corinthians x São Paulo na Bandeirantes que pode dar 30 ou 40 pontos, mas no dia seguinte as pessoas voltam para a Globo."

A história da emissora teve início alguns anos após a chegada da televisão no Brasil. A concessão solicitada pela Rádio Globo para a abertura de um canal de televisão foi aprovada em julho de 1957, pelo então presidente Juscelino Kubitschek. Para viabilizar a mais nova emissora brasileira, o jornalista Roberto Marinho (que já era dono do consagrado jornal *O Globo*) fez uma parceria com o grupo americano Time Life, empresa que buscava emissoras latino-americanas para aplicar investimentos. Após anos de preparação para que pudesse finalmente entrar no ar, a Rede Globo estreou no canal 4 do Rio de Janeiro em 26 de abril de 1965. Nessa época, ainda não havia a famosa vinheta do "Plim Plim", que só seria encomendada em 1971 pelo diretor da emissora, José Bonifácio (Boni), para marcar a passagem de ida e de volta dos intervalos comerciais. Ele desejava que o sinal sonoro (que mais tarde se tornaria um ícone da emissora) fizesse a família voltar para a frente dos televisores.

A história de Silvio com a Rede Globo de Televisão começou pouco depois de ele estrear seu *Programa Silvio Santos*. Parece curioso para quem não viveu a época, mas o maior concorrente da Globo já fez parte de sua grade de atrações. Pensando em uma expansão nacional, a Rede Globo adquiriu a TV Paulista em maio de 1966, quando passou a exibir também a programação do canal e o *Programa Silvio Santos*. No ano seguinte à aquisição, a TV Paulista passou a se chamar TV Globo São Paulo.

Em sua programação, a Globo contava com alguns programas para atingir classes mais populares de telespectadores, como o *Dercy Espetacular*, que foi ao ar em 1966. A própria Dercy Gonçalves, estrela do show, trabalharia mais tarde na emissora de Silvio.

Quando a TV Globo adquiriu a TV Paulista, foi firmado um contrato entre a nova emissora e o apresentador com duração de cinco anos. Finalizado esse primeiro contrato, o destino de Silvio era incerto, restando apenas especulações sobre a continuação do programa na emissora. Para a Globo, não se tratava apenas do perfil do programa, mas de uma questão mais estratégica e financeira que estava dificultando o acordo. O programa de Silvio era pago e faturado pelo próprio, já que o espaço na programação havia sido adquirido por ele mesmo. Dessa forma, ele vendia todos os anúncios e ficava com a comissão, assim como utilizava o horário para vender os seus carnês do Baú da Felicidade.

Na ocasião, apesar de ser um líder absoluto de audiência, o fato não estava proporcionando os benefícios esperados para a emissora. Para a Globo, esse não era um cenário favorável ou confortável, já que os diretores não podiam intervir em um programa que constava em sua grade. O contrato estava por um fio, pois Silvio não conseguia estabelecer um acordo. Jornais do país especulavam a respeito do destino da atração, afinal, sua popularidade era enorme e sua audiência imbatível aos domingos, das 11h30 às 18h30. Um dos grandes sucessos do programa era o quadro "Cidade contra Cidade", uma gincana entre diferentes cidades, geralmente do interior do Estado, que levavam caravanas ao programa. Os representantes das cidades não só se empenhavam para vencer o quadro, mas também disputavam o grande prêmio: uma ambulância novinha. Foi uma das atrações recordistas de audiência no programa, chegando a atingir o índice de 40 pontos. Para termos uma ideia, a audiência da chegada do homem à Lua, comandada por Neil Armstrong, em 1969, rendeu 41,4 pontos. Silvio conseguiu um ponto a menos.

Em 1969, ao mesmo tempo em que apresentava o programa na emissora, também era possível acompanhar Silvio no canal paulista da Rede Tupi, às quintas-feiras, comandando o programa *Sua Majestade, o Ibope*. O apresentador recebia os mais diferentes convidados para que julgassem as atrações que ele apresentaria ao público. Nota-se que a popularidade de Silvio não era obra do acaso – ele sempre estava interessado em ouvir a opinião do povo, bem como saber exatamente o que desejavam em termos de produtos ou entretenimento.

Quando a Rede Globo chamou o apresentador para conversar sobre a renovação de contrato, determinou que só fecharia um novo acordo caso o programa estivesse em conformidade com algumas novas ideias e condições. Algo que, obviamente, não o agradou. Os dirigentes da Rede Globo explicaram que a filosofia da emissora estava mudando e, por esse motivo, o programa precisaria sofrer alguns ajustes. Foi exigido que o apresentador mudasse o foco popularesco – algo tão caro a Silvio e tão intrínseco ao seu jeito de fazer entretenimento.

O apresentador sabia que era justamente esse um dos grandes motivos de seu sucesso com o público, o enfoque popular que gerava identificação com os brasileiros. Além disso, ele mesmo sempre cultivou o jeito simples de ser que tornava o programa divertido para todos. Em 1983, ele deu uma declaração ao jornal *O Estado de S. Paulo*, que resumia a questão:

> "Os intelectuais não me compreendem. Querem que eu toque música clássica. Mas eu não gosto, não adianta insistir. Meus programas são populares e eu me identifico com o povo. Não posso esquecer minhas origens de camelô. [5]"

Compreendendo a fórmula do sucesso, ele não podia nem queria abrir mão de seu diferencial. Dessa forma, quando foi interpelado pelos diretores da emissora a mudar o programa, não aceitou fazer nenhuma concessão. Sua resposta foi curta e grossa: já que não queriam renovar o contrato, não haveria problema, pois ele preferia procurar outra emissora que se adequasse melhor ao estilo do *Programa Silvio Santos*.

Foi nesse momento que Silvio percebeu que sua popularidade não seria suficiente para mantê-lo em uma emissora. Era muito desagradável ver a continuação da atração ameaçada pela decisão de outras pessoas que tinham propostas completamente diferentes e queriam acabar com a essência do programa.

E não era somente o programa de Silvio que a Rede Globo estava tentando tirar do ar. Outras atrações com perfil semelhante, mais populares, também estavam sofrendo a mesma pressão. Foi o caso do Chacrinha, que também teve seu programa retirado da grade. Mas Silvio não esperou que ninguém decidisse seu destino e começou a arquitetar possibilidades para resolver a situação da melhor forma. Estava cada vez mais claro que deveria ter sua própria emissora, onde poderia imprimir sua filosofia de gestão. Havia duas possibilidades para alcançar o objetivo: adquirir participação em uma emissora já existente ou obter uma concessão para operar sua própria emissora de televisão em São Paulo.

No Brasil, não há propriedade privada de canais de televisão aberta como Globo ou SBT, pois todas pertencem ao Estado brasileiro e são concedidas por um tempo determinado por meio de um processo de licitação, sobre o qual o governo tem poder de decisão. Para concorrer a um processo de licitação dessa natureza é necessário que a empresa tenha, pelo menos, 70% do seu capital controlado por acionistas brasileiros, além de obedecer ao limite de até dez estações em todo o país, para que se evite a situação de monopólio, em que o mercado acaba controlado por uma só empresa. Estando apta a participar, é necessário realizar uma proposta de programação, levando em consideração as capacidades técnica e financeira, e comprovando assim a viabilidade de implantação do projeto. Essa proposta é avaliada pelo Ministério das Comunicações, que concede pontos aos diferentes critérios de análise, liberando a concessão à empresa que obtiver a melhor média final.

Naquele momento de incertezas sobre o futuro, não havia nenhuma concorrência aberta para o processo de concessão. A oportunidade que surgiu diante de Silvio foi, na realidade, a aquisição de participação em outra emissora: a TV Record.

Um dos sócios, Paulo Machado de Carvalho, informou ao apresentador que João Batista do Amaral queria vender sua parte de 50% nas ações da emissora. Era a chance de Silvio de realizar o sonho da grade própria de comunicação.

Iniciou-se, então, o processo de negociação para adquirir metade da participação na TV Record. Entretanto, havia certa hesitação por parte da equipe de Silvio, pois a emissora não estava em boa situação financeira e poderia ser um mau negócio para o Grupo. Os trâmites seguiram com total sigilo da equipe do apresentador. O medo compartilhado era de que Silvio pudesse até ser banido da TV Globo caso a transação não desse certo. Se o pior acontecesse, ele ficaria sem emissora e sem o seu grande programa dominical. A situação exigia uma análise cuidadosa, afinal todos estavam preocupados com as dívidas da Record e com a reestruturação técnica, que exigia mais investimentos e seria imprescindível para recuperar o crescimento e a saúde financeira da empresa.

Durante a negociação, a equipe de Silvio não percebeu – ou não pensou – que poderia ser "deixada para trás". Não estavam preocupados com a possibilidade de outro grupo adquirir as ações, afinal, quem teria dinheiro para investir, ainda mais em uma empresa em maus lençóis?

Apesar do cenário desfavorável, Silvio estava convencido de que concretizar o negócio era a coisa certa a se fazer. Por isso, logo foram providenciados os contratos para definição dos parâmetros e da conclusão do acerto.

Quando já estava tudo certo e faltavam apenas as assinaturas, uma notícia inesperada impediu o acordo e surpreendeu a todos: Paulo Machado de Carvalho anunciou que a Record já havia sido comprada. Quem teria realizado a compra? A situação parecia inverossímil, mas era real: a Gerdau, poderoso grupo siderúrgico brasileiro, passara à frente nas negociações. Para tanto, eles cobriram a oferta realizada por Silvio e efetuaram o pagamento à vista, superando o parcelamento que havia sido combinado anteriormente.

Foi a pior notícia possível para Silvio: ele ainda não tinha como transmitir seu principal programa e também frustrou seus planos de adquirir a participação em uma emissora de televisão. Silvio não conseguia se resolver com os dirigentes da TV Globo e já acreditava que seu programa seria descontinuado da emissora. Foi um breve momento de desesperança, mas logo a situação se tornaria favorável novamente.

Um belo dia, o próprio dono da TV Globo, Roberto Marinho, ligou para Silvio pedindo que ele continuasse com o programa, pois ele pessoalmente gostava da atração e queria renovar o contrato. Eram as tão aguardadas boas-novas. Sobre todo o desconforto em relação à negociação com a diretoria e o telefonema milagroso do jornalista Roberto Marinho, Silvio comenta no livro de Arlindo Silva:

> Se Deus fecha uma porta, abre uma janela. Foi quando o imprevisível aconteceu: o doutor Roberto Marinho me telefonou, muito gentilmente, dizendo que fazia questão de que eu continuasse na TV Globo. [...] Fiz o novo contrato diretamente com o doutor Roberto Marinho e fiquei na Globo por mais cinco anos.[6]

Silvio assinou o contrato de renovação até 1976 com a emissora, mas havia um porém: no contrato foi estipulada uma cláusula que o impossibilitava de ser sócio de qualquer emissora de televisão ou rádio do país. Houve certo incômodo na assinatura, mas o apresentador deixou pra lá, pois não enxergava no momento qualquer possibilidade de descumprimento das condições. Contudo, a vida mostraria rapidamente que seu pensamento estava equivocado. A Gerdau logo se viu frustrada com a compra das ações da Record, pois suas expectativas de parceria não foram concretizadas. Assim, desejava se desfazer de sua participação na TV Record o mais breve possível.

A siderúrgica colocou à venda sua parte das ações já em 1972. De conhecimento do fato, Silvio começou a se movimentar para não perder a chance dessa vez. Entretanto, existia o impeditivo da cláusula do contrato com a Globo. Como resolver a situação? A solução encontrada foi utilizar o nome de outra pessoa como responsável pela transação. O escolhido foi Joaquim Cintra Godinho, um amigo de Demerval Gonçalves, o então diretor do Grupo Silvio Santos. Enfim, Silvio conseguiu realizar seu desejo e o segredo estava a salvo com Cintra Godinho, pois nem mesmo Paulo Machado de Carvalho sabia que as ações estavam sendo adquiridas para o apresentador.

Após esse contrato, o outro sócio da TV Record ainda ofereceu metade de sua parte das ações para Silvio. Caso aceitasse, obteria um total de 75% das ações, tornando-se sócio majoritário. Apesar de estar ansioso para adquirir a própria emissora, ele resolveu não aceitar a proposta em virtude das dívidas pendentes. Mas em pouco tempo o cenário mudaria novamente.

Na Globo, o programa de Silvio seguia com grande sucesso graças a quadros fixos que garantiam a audiência excepcional. Esse era o caso, por exemplo, do quadro "Só Compra Quem Tem", por meio do qual o apresentador sorteava carros novinhos para os telespectadores com a ajuda de patrocinadores. O "Arrisca Tudo", outra atração famosa, era um jogo de perguntas e respostas que concedia um prêmio de 1 milhão de cruzeiros àqueles que acertassem todas as questões. Outro quadro emocionante que cativava o público era o "Boa Noite, Cinderela", pelo qual Silvio conversava com crianças para descobrir os seus sonhos, ajudando a realizá-los. As atrações mantinham o público grudado na tela durante todo o programa, o que resultava em índices impressionantes de audiência, chegando a 89 pontos.

Em 1976, apesar de todo o sucesso, o segundo contrato de Silvio com a TV Globo chegou ao fim, e dessa vez não houve ligação de Roberto Marinho para renovação da relação profissional. Após mais de onze anos apresentando a atração semanalmente, o último *Programa Silvio Santos* foi ao ar no dia 25 de julho. O escalado para substituir o líder dos domingos foi Moacyr Franco, que desde 1970 já trabalhava na emissora apresentando seus programas *Moacyr Franco Especial* e *Moacyr Franco Show*. Difícil seria repetir o sucesso que o homem do Baú conquistara.

Agora, Silvio precisava tomar novos rumos para sua carreira de apresentador e desejava ir cada vez mais além. A compra das ações da Record havia dado certo, mas ele ambicionava uma emissora própria, com a sua cara e filosofia, e para isso necessitava da concessão do Estado. Ainda no início da década de 1970, o animador pleiteou junto ao general Emílio Garrastazu Médici a concessão dos canais da TV Excelsior, que saiu do ar. Ainda que os funcionários torcessem pela vitória por parte do apresentador, o presidente Médici não autorizou a concessão. Não foi dessa vez que Silvio conseguiu sua emissora.

Com a nova conquista, a notícia de que não teria mais espaço na TV Globo não era nada preocupante para Silvio e seus telespectadores. Afinal, seus planos já estavam muito mais focados na construção de uma emissora própria.

A LUTA PELO PRIMEIRO CANAL DE TV

Em 1974, o Brasil completava dez anos de governo militar e não havia perspectiva de mudança do cenário. O general Emílio Garrastazu Médici terminava seu mandato, que ficou conhecido tanto pelo "Milagre Brasileiro" (crescimento econômico e baixa inflação) quanto pelo período do auge da repressão na ditadura. A década de 1970, especialmente em virtude do governo Médici, recebeu o título de "Anos de Chumbo", a fase mais repressiva da era militar. A censura atingiu seu ápice após o Ato Institucional número 5 (AI-5), decretado pelo presidente-general Costa e Silva em dezembro de 1968. Com o fim do mandato de Médici, o general Ernesto Geisel assumiu o poder. Após a posse de Geisel, também é substituído o quadro do Ministério das Comunicações, responsável pelas concessões dos meios de comunicação brasileiros. Quem assumiu o posto de ministro das Comunicações foi Euclides Quandt de Oliveira.

No ano seguinte ao início do mandato, o governo Geisel abriu licitação para o canal 11, do Rio de Janeiro. Essa era a grande chance de Silvio e ele sabia que não poderia perdê-la. Com a frustração diante da TV Excelsior e também da situação da TV Record, ele estava mais que preparado para começar o processo e conquistar sua própria emissora. Ele e sua equipe precisariam de um plano perfeito de programação para ganhar a licitação e colocar a emissora no ar no menor tempo possível.

Era de conhecimento do público que Silvio estava pleiteando a oportunidade do canal 11. E, com a popularidade que tinha no meio artístico e entre seus telespectadores, acabou ganhando uma multidão de torcedores que desejavam sua vitória nesse projeto tão especial.

Curiosamente, o apresentador ganhou apoio até mesmo de críticos nessa batalha. Carlos Imperial (famoso produtor artístico brasileiro), que era um dos opositores ao formato do programa de Silvio, demonstrou seu apoio à campanha do animador em sua coluna na revista *Amiga TV*, em abril de 1975. Imperial escreveu:

> "Silvio compra os horários das estações de TV e paga diretamente aos artistas. Nunca artista algum reclamou de falta de pagamento. Não trabalho (nunca trabalhei ou nem vou trabalhar) para o Silvio Santos. Pelo contrário, minhas críticas em relação ao seu programa dominical nunca foram agradáveis. Mas, justiça seja feita, ele tornou-se um sinônimo de bom emprego e do trabalho compensador."

Nessa mesma coluna, Carlos Imperial ainda exalta a postura de homem de negócios:

> "Tenho que reconhecer nele o excelente empresário e o homem correto das nossas comunicações. Por favor, ministro Quandt de Oliveira, dê um presente de mãe para filho ao artista brasileiro. Dê esse canal 11 ao único empresário artístico que nos respeitou até hoje. Em nome de todos os artistas deste imenso Brasil, faço um apelo ao ministro: dê o canal 11 a quem gosta da gente. O Silvio Santos." [7]

Mas não era somente o desejo da população e de uma forte torcida que faria com que Silvio conseguisse seu tão sonhado canal de televisão. Era preciso provar para o governo que possuía conhecimento e planejamento para montar a estrutura que tal empreitada exige, bem como conseguir sustentá-la de maneira saudável financeiramente a longo prazo. Não era de ontem que o apresentador pensava em ter sua emissora e, por isso, ele estava muito bem preparado para convencer o Estado e responder a qualquer questionamento que lhe fosse feito. Silvio tinha um plano perfeito, que envolvia gráficos e justificativas sobre como seria a emissora. A intenção do apresentador era demonstrar que conseguiria até mesmo manter o canal somente anunciando os produtos de suas próprias empresas. Essa realidade, claro, só seria possível para um conglomerado sólido como o Grupo Silvio Santos.

A campanha que já tinha clamor público também precisava funcionar nos bastidores. Para isso, a equipe do animador era peça fundamental, e também deveria se empenhar para colocar a emissora em pé. Arlindo Silva, que também trabalhou com Silvio no Grupo, teve um papel ativo e importante na jornada. Para agilizar a campanha, Arlindo foi ao Rio de Janeiro a pedido do próprio apresentador para mostrar o enorme livro que compreendia o plano da emissora a Gabriel Richaid, procurador de Golbery do Couto e Silva, que era o então chefe da Casa Militar do general Geisel, além de uma importante figura no processo de licitação. Arlindo apresentou, nessa viagem estratégica à capital carioca, o planejamento da emissora para o dr. Richaid, que ficou encarregado de levá-lo até o chefe da Casa Militar.

Arlindo conta em seu livro que, duas semanas após o encontro em um restaurante árabe no Rio de Janeiro, o dr. Richaid telefonou dizendo que o plano já estava nas mãos de Couto e Silva, ressaltando que ele havia se impressionado com a questão do autofinanciamento, em que as empresas do próprio grupo sustentariam o funcionamento da emissora. Outra figura importante da equipe de Silvio nesse processo de licitação foi Demerval Gonçalves, diretor do Grupo Silvio Santos, já que seu papel consistia em viajar a Brasília para falar com pessoas importantes do governo, demonstrando a seriedade do plano que estavam desenvolvendo para o canal.

A intenção de Silvio era evidenciar que seu plano incluía a preocupação com o desenvolvimento de todo o Brasil, e não somente do seu grupo. Em reuniões no Planalto, explicava que poderia contratar muito mais pessoas do que já empregava na época, agora na produção do canal. Além disso, era importante ter uma empresa autossustentável em um momento em que o setor inteiro estava em crise, visto que a TV Excelsior havia falido e o *Jornal do Brasil*, que tinha adquirido dois canais em processos semelhantes de licitação, não viabilizara nenhum. Como a criação de um canal de televisão é algo de alta complexidade e necessita de grande investimento, era importante transmitir credibilidade ao governo. Afinal, Silvio Santos podia ser o carismático e brincalhão apresentador de um programa de entretenimento aos domingos, mas, para além desse papel, era um dedicado e responsável empresário com a intenção de expandir seus negócios sempre de maneira consciente.

A torcida era geral para que Silvio conseguisse seu tão almejado objetivo. Era quase consenso que não existia ninguém melhor do que ele para receber a concessão do canal 11 do Rio de Janeiro. Dentro do âmbito governamental, estavam todos convencidos de que ele era a melhor opção. A imprensa, além de engrossar o coro a essa opinião, chegou até a apoiar a campanha. Sobre a população, nem se fala. Os telespectadores e admiradores de Silvio nem precisaram ser convencidos de que ele deveria ter sua própria emissora de televisão.

Para que não restassem dúvidas sobre a decisão, o ministro Quandt de Oliveira resolveu conversar diretamente com o empresário, questionando e conferindo tudo o que estava planejado nos papéis. Silvio teve que se sair muito bem e não pôde cometer nenhum deslize em sua "prova final", pois corria o risco de colocar tudo a perder. Mas ele estava preparado para esse momento. Na realidade, ele vinha se preparando para conquistar sua própria emissora durante toda a vida. Assim, ele chegou totalmente pronto para as reuniões com o homem que decidiria a importantíssima etapa de sua carreira.

Quando iniciou sua vida profissional como camelô e tinha que se virar para conquistar clientes, quando entrou como locutor na rádio e começou a lidar com o público, quando dava uma de animador na barca, quando virou apresentador de programa de televisão e tornou-se imbatível, não só na audiência como também no papel de garoto-propaganda de seus produtos (que administrava como ninguém); todos esses momentos o prepararam para superar as mais difíceis provas quando chegasse a hora certa.

Finalmente, foi recebida com imensa alegria por todos do Grupo Silvio Santos e todos que torceram a notícia de que um canal de televisão por fim seria concedido ao apresentador. Certamente, o mais feliz era Silvio, que saboreava o gosto de uma imensa conquista pessoal pela qual tanto lutara. Toda a sua dedicação desde os tempos de menino estava sendo recompensada na figura do apresentador e homem de negócios de sucesso. Definitivamente, Silvio se sentiu realizado, como previu em uma entrevista à revista *Veja*, em abril de 1971, quando a concessão dos canais que antes pertenciam à TV Excelsior era apenas um desejo, conforme registro no portal Notícias da TV:

> Hoje, tenho um único interesse: comprar as concessões dos canais 2 e 9, cassados pelo governo no ano passado. Meu objetivo é ter uma emissora, e vou ter. Comecei minha carreira como locutor, como um soldado, e gostaria de terminar como um marechal. Só no dia em que eu tiver uma emissora de TV me sentirei realizado. Se perder algum dinheiro nisso, não faz mal. [8]

Nessa mesma entrevista, ele confessou que chegou além de sua própria imaginação: "Consegui muito mais do que aquele rapaz que chegou a São Paulo, vindo do Rio, com um terno e um ordenado de 5 mil cruzeiros, podia sonhar. Por isso, reafirmo: não posso parar, seria ingratidão com o público que me deu tudo."

No dia 16 de outubro de 1975, o presidente Ernesto Geisel assinou o decreto número 76.448 concedendo o canal 11 a Silvio Santos. Nesse dia, nos estúdios da Vila Guilherme, houve uma grandiosa festa entre Silvio e seus funcionários para celebrar esse momento histórico. A assinatura do documento oficial da concessão foi realizada em 22 de dezembro do mesmo ano, no gabinete do ministro das Comunicações. Ainda que nesse momento o escopo fosse infinitamente menor do que representa hoje o Sistema Brasileiro de Televisão, foi então que o SBT surgiu.

Na cerimônia de assinatura, o novo dono de uma emissora de televisão brasileira agradeceu a confiança que o governo havia depositado nele e reafirmou seu compromisso em colocar todo o plano em prática. Também esteve presente Manoel de Nóbrega, que foi apresentado como diretor-superintendente do canal 11. Todos que estiveram presentes na cerimônia ouviram um Silvio emocionado relembrar sua trajetória. O sentimento, entretanto, também era de grande expectativa diante do futuro, pois não seriam poucos os desafios para colocar a emissora no ar.

Era um desejo do governo, assim como do próprio Silvio, viabilizar o início de sua emissora no menor tempo possível, algo que exigia muito cuidado e dedicação de todos os envolvidos. Toda a equipe sabia que teria muito trabalho a realizar dali para a frente. Os planos de Silvio eram pra lá de ambiciosos; mesmo antes da primeira transmissão da televisão a cores no Brasil, que aconteceu em 1972, ele já imaginava os melhores e mais inovadores equipamentos do gênero para sua emissora. Apesar de já possuir um estúdio com equipamentos próprios, onde gravava seus programas em São Paulo, era preciso muito mais para viabilizar uma emissora. O desafio era conseguir tudo em tempo hábil, considerando que a estrutura demandaria um alto investimento.

Para obter a aparelhagem necessária, Silvio viajou para os Estados Unidos em busca de negócios. O investimento necessário seria de 60 milhões de cruzeiros, uma quantia que deveria ser paga em 5 anos. Logo que entrou no ar com a emissora, o próprio empresário rememorou essa passagem:

> Um dos desejos do senhor ministro das Comunicações era que o canal 11 fosse instalado rapidamente. E esse desejo era uma necessidade minha e de toda uma classe. Eu parti para os Estados Unidos e fiz um investimento de 60 milhões de cruzeiros que vou pagar em 5 anos. Disse que queria todo o material pronto em 90 dias, e os diretores das duas empresas deram risada, não acreditaram.

Desacreditando que ele conseguiria tudo no período curtíssimo de três meses, as empresas elaboraram um contrato exigindo multas caso o grupo não conseguisse a tempo as guias de importação e os contratos de financiamento, itens essenciais para que o negócio fosse concretizado. Ainda ameaçaram Silvio, dizendo que se o material produzido não fosse retirado no dia combinado em contrato, ele deveria pagar a armazenagem de todo o mês. Além disso, caso não recebessem o dinheiro na mesma data, ele pagaria um adicional de 5% de tudo o que estava adquirindo.

Apesar da descrença e das exigências rigorosas, Silvio não pensou em desistir em nenhum momento nem imaginou que não conseguiria cumprir o contrato. Seguiu firme na negociação, concordando com todas as exigências contratuais. O mais novo dono de uma emissora brasileira estava acostumado a enfrentar os desafios que apareciam na sua vida, assim como a obter vitórias surpreendentes, que só são possíveis quando a pessoa está no lugar certo e no momento certo. E aquele era o momento da sua emissora.

Quando se preparava para estruturar sua emissora, Silvio ficou sabendo por meio dos jornais que a estrutura da extinta TV Continental seria leiloada. Esse fato chamou a sua atenção, pois poderia ser a solução para conseguir uma parte dos equipamentos necessários para transmissão de sua futura programação.

A sede da TV Continental na cidade localizava-se na Rua das Laranjeiras, tendo sofrido ação de despejo do local em 1971, pouco antes de decretar sua falência. A extinção da emissora aconteceu em 1972, quando o Departamento Nacional de Telecomunicações (DENTEL), que existia sob a governança do Ministério das Comunicações, cassou sua concessão. A TV Continental, também conhecida posteriormente como TV Guanabara, era uma emissora de televisão com sede no Rio de Janeiro transmitida pelo canal 9 e inaugurada em 1959, tornando-se a terceira emissora carioca após a TV Tupi (Canal 6) e a TV Rio (Canal 13). Na década de 1960, a emissora viveu um período áureo, contando com artistas renomados como Elizeth Cardoso e Agnaldo Rayol em sua grade. Assim como diversas outras emissoras, também entrou em uma crise financeira, o que acabou acarretando em salários atrasados e inúmeras falhas técnicas.

Um dos braços direitos de Silvio na operação de estruturação de sua emissora foi Luciano Callegari, com quem chegou a compartilhar sua visão: "Se arrematarmos tudo do leilão, não vamos precisar esperar oito meses pela construção da torre e da antena." Para muitos, especialmente para a imprensa, aquele material que estava sendo leiloado não valia nada, era apenas sucata. Porém, a visão de Silvio era diferenciada, ele não se deixaria levar pelas opiniões contrárias, apostando em sua decisão de participar do leilão. O que chamava a atenção do apresentador e de sua equipe nesse edital eram a torre, o transmissor e a antena, que estavam localizados no alto do Morro do Sumaré, no Rio de Janeiro, um excelente ponto para as ambições da futura emissora.

Feito o lance, conseguiram adquirir todo o material do leilão. A visão da imprensa diante da jogada ousada era de que estavam iniciando a emissora já com estratégias muito equivocadas. O próprio *Jornal da Tarde* questionou, em uma matéria de 30 de outubro de 1975: "Para que o animador de televisão Silvio Santos deseja os velhos e obsoletos equipamentos de transmissão da TV Continental, fechada em 1971?". O jornal e todos que questionaram a atitude tiveram que admitir o erro e assumir que a intuição de Silvio estava correta. Logo após a aquisição, descobriu-se que os velhos equipamentos da TV Continental não só funcionavam perfeitamente, como já transmitiam a cores.

Mesmo para Silvio Santos, que apostou com confiança na negociação, foi uma surpresa descobrir o potencial dos equipamentos que agora faziam parte da sua emissora. Ao contrário do que diziam, ele estava começando com o pé direito. Enquanto isso, os americanos ainda não haviam entregado o equipamento prometido ao empresário. Por isso, ele teve que retornar aos Estados Unidos para cobrar o material. Agora, foi ele quem lançou mão do contrato como arma de negociação, exigindo o pagamento de uma multa caso não entregassem conforme o acordado.

Os americanos não duvidaram da capacidade de Silvio. Aliás, ninguém mais duvidaria; parecia impossível, mas em poucos meses estava tudo pronto para que a TVS entrasse no ar. Menos de sete meses se passaram entre a assinatura da concessão da emissora e a primeira transmissão. Em 14 de maio de 1976 a TVS entrava no ar, com grandes expectativas por parte de sua gestão e dos próprios telespectadores.

Vale lembrar que todo esse processo ocorreu em um período muito difícil na vida pessoal do apresentador, que envolvia a doença de sua amada esposa Cidinha. Entre tantas montanhas-russas que vivenciava em sua vida, Silvio se manteve firme em busca de seu sonho. Outra situação traumática que enfrentou nessa época foi a morte do grande amigo Manoel de Nóbrega, que faleceu devido a um câncer. Nóbrega se foi em 17 de março de 1976, pouco tempo depois de estar presente na cerimônia de oficialização da concessão de seu amigo e pouco antes da estreia da emissora. A própria filha de Silvio, Patricia Abravanel, comentou, em entrevista ao Portal R7, a importância que Manoel de Nóbrega teve na vida do pai:

> "Eu acho que temos de dar honra a quem merece honra. Além de ícone da TV, o Manoel de Nóbrega foi uma das pessoas que acreditou no meu pai. Se ele não tivesse acreditado, nada disso estaria aqui. Aquela época do começo da TV reuniu muitas pessoas boas, talentosas e amigas. E tudo aconteceu.[9]"

Apesar das dificuldades que enfrentava em sua vida particular, Silvio não deixou os fatos atrapalharem a serenidade que precisava cultivar para ampliar suas conquistas profissionais. Esse seria apenas o início da história de Silvio Santos como dono de emissora de televisão. Afinal, há mais de 41 anos ele controla um verdadeiro império televisivo.

A ESTREIA DA TVS

Há cerca de 41 anos, Silvio Santos entrava no ar com sua primeira emissora de televisão. Como ele mesmo disse na época, não haveria tempo para uma celebração especial, eles apenas "iniciariam os trabalhos". E não foi pouco trabalho para viabilizar o começo da emissora, além dos esforços para manter seu funcionamento do dia a dia, ou mesmo para cumprir as exigências do Ministério das Comunicações, como o período determinado em que a emissora deveria estar no ar. O processo de licitação também envolvia horas mínimas de programação a serem cumpridas.

Em maio de 1976, a TVS Rio de Janeiro fazia sua estreia na comunicação brasileira com algo inusitado, bem ao estilo Silvio Santos: o dono do canal contava detalhadamente o que havia acontecido durante os meses que antecederam a estreia, bem como os pormenores que incluíam a descrença da parte de muitos de que Silvio conseguiria atingir seu objetivo. Seguindo sua abordagem típica, ele citou Deus como forte condutor dos acontecimentos: "Mas quando há boa vontade, Deus ajuda e tudo acontece". Esse era um momento marcante na vida do profissional, afinal, até pouco tempo antes nem ele mesmo acreditava que poderia chegar tão longe.

Silvio já comentou que na época em que estava com problemas para exibir o seu programa em outras emissoras, o jornalista Moysés Weltman questionou o porquê de ele nem ao menos tentar ganhar a concessão do canal do Rio de Janeiro. Silvio achou uma loucura na época, respondendo ao amigo: "Moysés, você acha que vão dar televisão para o camelô? Você está ficando louco? Você acha que vão dar televisão pro 'Peru que fala'?". Apesar da resposta, aquela ideia permaneceu em sua mente, possivelmente semeando novos caminhos.

Talvez se Silvio não tivesse enfrentado problemas para encontrar um "lar" para o seu *Programa Silvio Santos*, ele nunca teria pensado em ter sua própria emissora. Afinal, como ele mesmo já disse, "se tornou dono de televisão porque os donos de televisão fecharam as portas para ele". Mas, com as ideias visionárias que sempre apresentou, seria difícil imaginar que não se aventuraria por esses caminhos. Até porque ele nunca foi de desistir diante das dificuldades; ao contrário, parecia se estimular ainda mais ao se deparar com um novo desafio.

Maio de 1976 seria só o início de mais uma caminhada desafiadora em sua vida. E Silvio podia até se considerar um simples camelô, mas os números dessa época já demonstram que a história não era bem assim. Afinal, quando a TVS começou a operar, o grupo já contava com diversas empresas e milhares de funcionários – conquistas que certamente não são para qualquer um.

Em 1976, a emissora contava com uma grade de programação que abrangia o período das 18h até a meia-noite, todos os dias. Logo na primeira programação da rede de transmissão televisiva, Silvio Santos já apostava em séries e filmes – duas paixões dele e de seu irmão, Leon, desde a infância –, que eram exibidos diversas vezes para ocupar a grade. Ele inaugurou a "Sessão Corrida", onde repetia por três vezes os filmes, informando ao telespectador em que momento o filme estava.

Leon não estava ao lado de Silvio apenas como irmão. Ele foi alguém muito importante também profissionalmente. Chegou a apresentar o *Programa Silvio Santos* quando Silvio não conseguia – algo que é muito difícil, pois Silvio faz questão de não perder os compromissos. Na década de 1970, de acordo com memórias do blog "O Baú do Silvio", Leon chegou, inclusive, a ter um programa próprio na emissora Tupi. Ele também foi repórter das promoções do Baú, indo às casas dos clientes fazer matérias. Na TVS, Leon permanecia ao lado de Silvio.

Além de filmes e séries, no início da emissora havia produções nacionais como o horóscopo da radialista e astróloga brasileira Zora Yonara, apresentado às 21h, atração patrocinada por uma empresa de fraldas.

Logo na estreia do canal, não foi possível transmitir um programa importante: o do próprio dono. O imbatível *Programa Silvio Santos* começou a ser transmitido na TVS quando Silvio encerrou seu contrato com a Rede Globo de Televisão. A estreia do programa na emissora de Silvio aconteceu em agosto de 1976, quase três meses após a estreia da própria emissora. Esse foi um grande trunfo para trazer audiência para o canal, pois, assim que o programa entrou no ar, a emissora apresentou elevado índice de audiência, alcançando a segunda colocação do ranking.

Silvio, apesar das duras batalhas que enfrentava em sua vida pessoal, estava muito feliz profissionalmente nesse momento: sua emissora estava sendo concretizada e ele era reconhecido como um importante e influente profissional da área. Para a sua alma de eterno menino brincalhão, esse era um verdadeiro sonho sendo realizado.

Poucos dias depois de entrar no ar com a TVS, ainda em maio de 1976, Silvio recebeu na Assembleia Legislativa do Rio de Janeiro o título de "Carioca Honorário" pelos feitos que vinha realizando ao longo de sua vida. Como bom carioca da Lapa, esse era um momento emocionante para ele. Com a Assembleia lotada, contando com a presença de funcionários, amigos e seus pais, Alberto e Rebeca Abravanel, Silvio recebeu o título e relembrou, muito emocionado, seu começo como camelô nas ruas do Rio de Janeiro. Era muito significativo para ele que sua primeira emissora fosse um canal da própria cidade.

Em 1978, a emissora contava com a programação ampliada. Aos poucos, Silvio foi estendendo a grade e tentando implementar inovações para gradualmente se estabelecer como um grande canal.

A telenovela também foi introduzida na emissora ainda em 1977. Essa forma de entretenimento cada vez mais caía nas graças do público brasileiro, que criara o hábito de ficar grudado na telinha para saber a continuidade da história. A paixão que o brasileiro tem (e sempre teve) por novelas começou em 1951, com a transmissão na TV Tupi da primeira telenovela da história: *Sua vida me pertence*. Com apenas quinze capítulos, o que hoje seria considerado uma série, era exibida às terças e às quintas-

-feiras e transmitida ao vivo, pois ainda não havia o videotape. Para a nova geração, deve ser difícil imaginar uma televisão executada dessa forma.

Sua vida me pertence não foi somente a primeira telenovela brasileira, mas também a primeira a exibir um beijo entre os protagonistas, algo considerado um escândalo na época. Escrita e dirigida por Walter Forster, a telenovela também contou com a atuação do consagrado Lima Duarte. Exibida primeiramente apenas em alguns dias da semana, foi somente em 1963 que a telenovela brasileira assumiu seu caráter diário. Isso aconteceu com *2-5499 Ocupado*, exibida na extinta TV Excelsior.

Na TVS foi exibida a telenovela brasileira *O Espantalho*, que contou com a participação dos atores consagrados Nathalia Timberg e Rolando Boldrin. O par romântico ficou por conta dos atores Carlos Alberto Riccelli e Suzy Camacho. Essa foi uma novela histórica, pois foi a primeira produção do gênero dos Estúdios Silvio Santos. A história era sobre um tema muito recorrente da política e da sociedade brasileira: a corrupção. O corrupto, no caso, era o vice-prefeito que se preocupava apenas com o lucro e não com problemas públicos, como a poluição das praias em sua cidade.

Também em 1978 seria introduzido na TVS o jornalismo. Um programa em formato de noticiário passou a ter espaço na grade, onde se transmitia as notícias locais, bem como algumas coberturas esportivas. A produção e a gravação desse informativo eram feitas em São Paulo e enviadas ao Rio de Janeiro por intermédio de malote. As gravações eram realizadas uma vez por semana, às segundas-feiras, e transmitidas de segunda a sábado. Esse jornal era gravado de maneira bem distinta e peculiar se comparado à forma como é feito o jornalismo televisivo atualmente: havia um locutor apresentando as notícias do dia ilustradas com imagens recortadas de jornal. Nessa época, não havia transmissões via satélite ou coberturas de grandes acontecimentos ao vivo.

Nesse momento, Silvio já tinha uma imagem consolidada como homem de negócios. Até mesmo pelo expressivo número de funcionários em suas empresas, é de se notar que o grupo era um negócio "parrudo". Em junho de 1972, Silvio Santos criou a *holding* Silvio Santos S/A Administração e Participações para conseguir unificar a administração de todas as suas empresas, que, na época, totalizavam dez. Ao longo da década de 1970, Silvio ampliou diversos de seus negócios: a Publicidade Silvio Santos expandiu sua atuação, passando a produzir conteúdo para a televisão e para o cinema. O nome da empresa foi alterado para Marca Filmes, pois seu foco não era mais somente a publicidade.

A única empreitada da empresa no cinema, entretanto, foi o sucesso de bilheteria *Ninguém segura essas mulheres*. O único filme da produtora de Silvio foi lançado em maio de 1976 e dividido em quatro episódios, que contavam com roteiro, elenco e diretor próprios: "Marido que volta deve avisar", "Desencontro", "Pastéis para uma mulata" e "O furo".

Luciano Callegari foi o responsável pela produção do lançamento, que chegou a contar com Tony Ramos e Aizita Nascimento no elenco. Um dos episódios foi dirigido por José Miziara e os outros por Anselmo Duarte (importante diretor brasileiro, que ganhou a Palma de Ouro em Cannes em 1962 com *O pagador de promessas*), Jece Valadão e Harry Zalkowistch. Segundo informações da Ancine, o filme atingiu a impressionante marca de 1,3 milhão de telespectadores, o que o tornou o 123º filme com maior bilheteria da história do cinema brasileiro. O sucesso do filme deixou os fãs de cinema decepcionados, pelo fato de ter sido a única produção da Marca Filmes no cinema. Inicialmente, a produção deveria se chamar *Os trambiques*, mas o próprio Silvio Santos pediu para que esse título fosse alterado. O empresário temia ser prejudicado pelo filme, caso o título fosse associado de maneira pejorativa ao seu nome. O título final, *Ninguém segura essas mulheres*, também ficou a cargo de Silvio, que teve a ideia inspirado no slogan nacionalista "Ninguém segura este país".

Na década de 1970 também houve o nascimento de outros negócios, como foi o caso da empresa de previdência e de seguros do grupo (Aspen). O plano de previdência foi algo inovador no mercado, tanto que, depois de regulamentada a operação desse setor no Brasil, a Aspen recebeu do governo brasileiro uma "Carta-patente número 1". Em seguida, a empresa teve seu nome alterado para Asprevi, e depois Aposentec Previdência Privada.

Na década de 1980, Silvio enfrentaria mais uma vez as incertezas em relação ao seu programa recorde de audiência. Até então, o *Programa Silvio Santos* era exibido simultaneamente na TV Tupi (São Paulo e Rio de Janeiro), na TV Record e na emissora de Silvio. Acontece que a maior dessas emissoras enfrentava uma grave crise financeira. A TV Tupi havia sido pioneira na televisão brasileira e na América do Sul, tornando-se líder absoluta de audiência na primeira década de transmissão da televisão, nos anos 1950. No fim da década de 1970, entretanto, enfrentava uma grave crise financeira, sem conseguir pagar os salários dos funcionários. Em 1978 houve até um incêndio na sua sede em São Paulo, que tirou a emissora do ar durante alguns minutos e queimou equipamentos que haviam sido adquiridos havia pouco tempo. Após a cassação de diversas das suas concessões, a TV saiu do ar em 1980, pouco antes de completar trinta anos transmitindo sua programação.

Antes mesmo de assistir à emissora sendo encerrada, Silvio já se preocupava com o destino de seu programa. Afinal, a TV Tupi, dentre aquelas que exibiam a atração, era a única que contava com uma rede de forte presença nacional. O apresentador havia renovado seu contrato com a emissora até janeiro de 1982, mas, já preocupado com o futuro, acrescentou uma cláusula de que poderia ingressar em outra rede de televisão para transmitir o seu programa sem nenhuma multa adicional. Apesar do sucesso absoluto, o programa parecia encontrar contínuos obstáculos para se manter no ar.

Foi com tristeza que funcionários, artistas e até o próprio Silvio assistiram ao encerramento da TV Tupi. Os funcionários da emissora chegaram a fazer uma vigília de dezoito horas tentando impedir que o fim da emissora se concretizasse. Enviaram até mesmo uma carta solicitando reconsideração ao então presidente João Figueiredo. Nenhuma das tentativas surtiu efeito. Foi um momento difícil para todos ver a mensagem dos funcionários "Até breve, telespectadores amigos. Rede Tupi" e também presenciar o término das transmissões. Afinal, saía do ar a primeira emissora de televisão brasileira.

Além da TV Tupi de São Paulo, outros seis canais foram cassados nessa época: TV Piratini (Porto Alegre), TV Ceará (Fortaleza), TV Itacolomi (Belo Horizonte), TV Rádio Clube (Recife), TV Tupi (Rio de Janeiro) e TV Marajorara (Belém). O cenário era precário para a televisão brasileira. Outros canais que não foram extintos, mas que faziam parte da Rede Tupi, ficaram preocupados que tivessem o mesmo destino. Dessa forma, filiaram-se à TVS de Silvio, criando a necessidade de um novo gerenciamento. Assim, foi criado dentro do grupo o Departamento de Outras Emissoras (DOE), especificamente para a gestão desses canais.

Com a cassação dos sete canais da TV Tupi, além de outros dois canais que já não possuíam mais transmissão (TV Excelsior, em São Paulo, e TV Continental, no Rio de Janeiro), havia a possibilidade de uma nova abertura de licitações. Afinal, era preciso que a televisão brasileira saísse dessa situação de crise. Antes do início do processo, entretanto, houve uma tentativa de barrá-lo junto ao governo, pois poderia ser o fim da televisão brasileira, já que o mercado não se sustentaria com tantas redes. Com a extinção da TV Tupi, o mercado de televisão se acirraria ainda mais, tornando-se cada vez mais competitivo. Essa opinião era compartilhada pelo Grupo Silvio Santos, que levava em consideração a possibilidade de faturamento (o "bolo publicitário") existente no mercado. Havia um medo geral de que mais emissoras de televisão seguissem pelo caminho da pioneira TV Tupi e outras que acabaram no mesmo beco sem saída.

O Ministério das Comunicações, entretanto, não atendeu a esse apelo, iniciando, em 30 de setembro de 1980, o processo de licitação para duas novas redes de televisão, que compreendiam uma junção dos canais que tiveram sua concessão cassada. Operando apenas no Rio de Janeiro, Silvio Santos visualizou nesse momento a possibilidade de aumentar seu escopo de atuação, transformando a TVS em uma verdadeira rede de televisão. Parecia que mais uma vez o destino estava ao lado de Silvio para que ele continuasse dando passos ousados em sua carreira.

Assim como no processo de licitação do canal 11 do Rio de Janeiro, essa não seria uma batalha fácil. Afinal, ele deveria provar ao Ministério das Comunicações que era capaz de viabilizar o projeto de uma rede de televisão, fazê-la crescer de maneira financeiramente saudável e ainda atender às exigências mínimas da grade de transmissão. Mas Silvio, novamente, já estava preparado para esse momento. Confiante, ele queria estimular uma campanha de opinião pública a seu favor, como aconteceu durante a licitação da sua primeira emissora. No entanto, mais uma vez, a verdadeira batalha das negociações estava reservada aos bastidores.

O SEGUNDO CASAMENTO

Silvio teve dois grandes amores ao longo de sua vida: Cidinha e Iris. Como o próprio Silvio já disse, a maior alegria de sua vida foi ter encontrado sua segunda esposa, após perder tragicamente o primeiro amor. A atual esposa do apresentador é sua companheira há décadas e sempre esteve ao lado dele nas vitórias e também nos momentos difíceis. A princípio era apenas amizade. Os dois se conheceram em 1975, no Guarujá, quando Silvio ainda estava casado com Cidinha e a família enfrentava a difícil batalha pela sobrevivência dela contra o câncer. Com a iminência de adquirir sua primeira emissora de televisão, certamente esses foram anos de fortes emoções para Silvio.

A paixão de Silvio pelo Guarujá é algo antigo, que já gerou inclusive um negócio milionário: em 2007 ele desembolsou R$ 150 milhões para construir o luxuoso hotel Sofitel Jequitimar, na praia de Pernambuco. O hotel cinco estrelas possui uma estrutura gigantesca, com mais de trezentos quartos, auditório, salas de convenção e um luxuoso SPA. Os laços afetivos da família pelo local são tão fortes que em 2015 a filha mais nova, Renata Abravanel, se casou no Guarujá, na propriedade do

Hotel Jequitimar. Certamente, esse é um lugar que guarda muitas lembranças inesquecíveis na história da família Abravanel. Também, pudera, foi justamente no Guarujá onde Iris e Silvio se conheceram. A futura esposa, então com 19 anos, era uma apaixonada por praia. Em um belo dia estava curtindo o sol com os amigos quando viu Silvio chegar do mar após um passeio de lancha. Nesse momento, nasceu uma amizade entre os dois. Iris relembrou o momento do primeiro encontro em entrevista para a revista *Claudia*:

> Foi no Saco do Major, no Guarujá. Eu tinha 19 anos, era rata de praia, estava preta e me lambuzava de mariscos crus quando Silvio desceu de uma lancha. Falei: "Caramba, que brancura!". Os amigos dele o enfiaram debaixo de uma pedra para poupá-lo do sol. Eu era professora, o Silvio estava casado.[10]

Iris Pássaro, como é o sobrenome de sua família, foi a primogênita de Genaro Rubens e Nina Pássaro, casal que tinha mais três filhos. A família morava no bairro do Brás, em São Paulo, onde Iris cresceu. Seu pai era versátil e teve diversas profissões ao longo da vida: fotógrafo, pintor e metalúrgico.

Quando ainda morava no Brás, Iris chegou a vender enciclopédias de porta em porta e atuou também como professora de primário, lecionando em escolas da prefeitura. Quando Silvio a conheceu em férias no Guarujá, convidou-a para trabalhar no Baú da Felicidade, o que fez com que a moça deixasse de lado a carreira no magistério. Com a convivência que os dois passaram a ter na empresa, aos poucos a paixão foi florescendo. Acreditando cada vez mais no romance, ambos decidiram se casar oficialmente na propriedade do apresentador, em 1981.

Quem não gostou do relacionamento a princípio foi o pai de Iris, afinal, sua jovem filha estava encantada por um homem que já tinha mais de 50 anos, era viúvo e pai de duas filhas fruto de união anterior. A ideia parecia absurda para um descendente de italianos que levava uma vida simples no Brás. Mas, não teve jeito, o casal estava apaixonado, e Rubens foi convencido por uma conversa que teve com Silvio de que deveria aprovar o namoro. Talvez, Rubens não estivesse totalmente convencido nesse momento, mas não restava outra opção a não ser ceder.

Após iniciar o relacionamento com Silvio, Iris ainda começou um curso de jornalismo na Faculdade Cásper Líbero, em São Paulo. Não foi possível finalizar o curso, entretanto, porque a primeira filha do casal estava a caminho. O curioso é que Silvio viveria sempre rodeado de mulheres, com nada menos do que seis filhas. A dedicação que Silvio sempre teve pelo trabalho, desde que iniciou sua vida profissional como camelô, também seria transmitida às filhas. Todas começaram trabalhando como estagiárias nas empresas do grupo para que pudessem se preparar para assumir, possivelmente, posições de liderança no SBT, o que já acontece hoje. Não houve moleza pelo fato de serem filhas do "patrão"; elas tiveram que ralar desde o começo para ganhar a confiança do pai e dos diretores da emissora.

Tanto Iris quanto Silvio sempre fizeram questão de conduzir a família em uma realidade mais próxima da classe média do que cercada pelos luxos que certamente poderiam adquirir com sua fortuna. Tudo que Silvio sempre prezou na vida, como o caráter e a disciplina (especialmente no trabalho), foi exigido de todas as filhas, para que não perdessem de vista a realidade.

São tantas mulheres na vida de Silvio que ele brinca de chamá-las pelo número. A primeira filha com Iris era a filha número três, já que com Cidinha havia tido duas filhas, Cintia e Silvia Abravanel.

Daniela nasceu em julho de 1976. Ela é a diretora artística do SBT atualmente, além de ter sido incluída no quadro de acionistas do grupo. Durante a gravação do *Troféu Imprensa* de 2017, o pai elogiou a sensibilidade artística da filha, talento que a faz merecer tal posição. Ela é responsável pela grade de programação da emissora e já tomou decisões muito acertadas para o crescimento do SBT, como a recontratação da apresentadora Eliana e o remake da novela *Chiquititas*, que foi sucesso de audiência. Daniela é a protagonista de um vídeo famoso ao lado do pai quando tinha apenas 3 aninhos. Ela participou da brincadeira do foguete no programa *Domingo no Parque*. A brincadeira era um sucesso. Para ganhar os presentes, a criança tinha de dizer "sim" ou "não" de dentro da cabine assim que um botão, que emitia luz vermelha, acendia à sua frente. O detalhe era que, ali dentro, ela não podia ouvir nada. Muito pequena, Daniela se atrapalhou e só respondia "sim ou não" toda vez que o botão acendia, arrancando gargalhadas gostosas da plateia e do pai.

A segunda filha do casal, e a quarta de Silvio, é Patricia, que nasceu em outubro de 1977. Patricia parece ter puxado o carisma e o talento de apresentadora do pai. Seu programa *Máquina da Fama*, em que os convidados deveriam interpretar artistas famosos no palco, foi um verdadeiro sucesso no SBT. Ela está em diversos programas na emissora, é uma das integrantes do famoso "Jogo dos Pontinhos" de Silvio, e foi escalada para cobrir a licença-maternidade de uma das maiores estrelas do canal, Eliana, o que mostra a confiança depositada em seu talento. Um fato curioso é que a primeira vez em que Patricia pegou num microfone foi no programa da Mara Maravilha, em 1988. Desinibida e totalmente à vontade diante das câmeras, mesmo sendo apenas uma criança, ela roubou a cena e chegou até a dublar a música "What a Feeling", popularizada por Irene Cara.

Vale lembrar que Silvia, a segunda filha de Silvio de seu primeiro casamento, também está em destaque na programação do SBT. Em julho de 2015, ela se viu diante de um desafio: foi escalada para apresentar o *Bom Dia & Cia* e não só deu conta do recado como divide a apresentação do programa infantil até hoje com os talentos mirins do SBT.

Já a quinta filha de Silvio é Rebeca Abravanel. Ela nasceu em dezembro de 1980 e atualmente comanda a área de comunicação da Jequiti Cosméticos, empresa que vem apresentando expressivo crescimento e é aposta do Grupo Silvio Santos. Ela também assumiu o *Roda a Roda Jequiti*, programa diário que era apresentado pelo pai e passou para seu comando em junho de 2017. Renata Abravanel, ou filha número seis de Silvio, nasceu no ano de 1985 e certamente tem o DNA para a gestão dos negócios da família. Não à toa, é preparada para ser a sucessora oficial do empresário. Renata estudou Administração nos Estados Unidos e sempre chamou a atenção do pai. Silvio já disse que a caçula administra como ninguém, por isso hoje, com pouco mais de 30 anos, ela já é acionista e vice-presidente do grupo.

Depois que as filhas nasceram, Iris virou mãe em tempo integral. Ela se dedicava apenas ao lar e ao marido e praticamente não ia aos estúdios do SBT. Quando dá entrevistas, ela gosta de ressaltar que sua história não foi apenas um conto de fadas, pelo contrário: teve dificuldades, quedas e uma boa dose de superação. Não há como não se lembrar do marido quando ela ressalta esse aspecto. Afinal, foram muitos os percalços enfrentados.

Uma das crises envolvendo o casal ocorreu na década de 1990. Eles sofreram um desgaste na relação, chegando inclusive ao divórcio. Os dois lados reconheciam a culpa no momento da separação. De acordo com a própria Iris, o marido exercia um controle sufocante sobre ela e sentia muito ciúme, o que atrapalhava a relação dos dois. Certamente, além da questão do ciúme, ser esposa de um homem com a fama de Silvio Santos não é tarefa fácil. E Iris sentiu isso na pele. E, como as brigas estavam ficando constantes, a separação foi inevitável em 1992.

Felizmente, o amor falou mais alto e a separação não durou muito. Cerca de um ano depois de ter saído de casa, Silvio retornou ao lar. No regresso do marido, Iris decidiu que nunca mais se separariam e que deveriam passar o resto da vida juntos. Até hoje os dois estão casados, dividindo os compromissos profissionais em São Paulo com momentos de lazer na casa que possuem em um condomínio na Flórida, nos Estados Unidos.

Outra desavença que o casal enfrentou durante o casamento não envolvia somente os dois, mas chegou a incluir as filhas também. O motivo foram as diferenças religiosas entre Silvio e Iris. Silvio, de origem judaica, também criou as filhas para que seguissem as tradições de sua religião. Ainda hoje, por exemplo, comemoram juntos o Yom Kipur, uma das celebrações mais importantes para a religião judaica. O Yom Kipur propõe aos judeus uma reflexão profunda sobre seus atos e, portanto, a necessidade do perdão. Nesse dia, há um jejum de 24 horas e diversas orações são feitas. Silvio sempre abençoa as filhas e solicita que transmitam esses valores judaicos aos seus netos. Além disso, todas estudaram hebraico e fizeram o Bar Mitzvá, tradicional rito de passagem para a maturidade. Para o apresentador, nunca houve outra religião.

A princípio, Iris não tinha muito interesse em religião – era católica, mas não praticante. Em entrevista à revista *IstoÉ*, ela comentou que foram seus funcionários de casa que a incentivaram a se converter para a igreja evangélica. Por muitos anos ela participou de cultos na Igreja Vida Nova, na zona oeste de São Paulo. Durante esse período, ela também fez atos de caridade e chegou a participar de projetos de educação para crianças carentes, relembrando os tempos no magistério. Aos poucos, as filhas foram se interessando e seguiram o mesmo caminho de Iris, tornando-se evangélicas também.

No começo, era algo muito estranho para Silvio ver suas filhas fazendo pregações. Quando percebeu que elas seguiam um novo rumo, o apresentador ficou incomodado, o que acabou gerando conflitos entre ele e a mulher. Silvio achava que

Iris estava influenciando as filhas de maneira negativa, algo que a esposa não concordava. Essa reação contrária aconteceu apenas no início. Conforme Silvio foi percebendo que suas filhas estavam seguindo um caminho do bem, até mesmo com ideias semelhantes às que presenciava em sua religião, passou a não ser mais contrário às suas escolhas. Passado o incômodo e susto do apresentador ao ver sua família adotando uma religião diferente da sua, hoje a situação é até inversa. No dia a dia da família Abravanel, Silvio faz orações com sua mulher e suas filhas, e também leem juntos o Antigo Testamento da Bíblia.

Em 2015 Silvio chegou, inclusive, a visitar ao lado da esposa o Templo de Salomão, sede da Igreja Universal do Reino de Deus. A igreja hoje é liderada pelo bispo Edir Macedo, que também é proprietário da TV Record. Durante a visita, Silvio e Iris foram acompanhados pelo bispo Edir Macedo e sua esposa. A visita do apresentador ao templo marcou um reencontro com o bispo, que não via há mais de dezessete anos. Durante o passeio, houve uma gravação para o programa da TV Record, *Domingo Espetacular*, no qual os dois também relembraram fatos marcantes de suas trajetórias.

Iris, assim como Silvio, sempre foi *low-profile* em relação ao dinheiro e à posição social que a família ocupa. Ela sempre foi muito racional em relação ao uso do dinheiro e nunca gostou de ser o centro das atenções, sendo extremamente discreta. A guinada profissional, no entanto, fez com que ganhasse visibilidade. E tudo aconteceu a partir de um desejo de ajudar o SBT.

Em 2007, Silvio queria deixar de transmitir apenas as novelas mexicanas da Televisa, produzindo e exibindo suas próprias produções novamente. A questão era que, para viabilizar uma telenovela, o dono da emissora precisava de novos talentos para sua casa. Mas estava com dificuldades, pois a maioria dos nomes conhecidos e experientes já estava trabalhando na Globo, que é imbatível no gênero. Era preciso encontrar urgentemente um profissional para dar conta do recado.

Iris já havia atuado como colunista da *Contigo*, mantendo entre 1992 e 1995 uma coluna chamada "Bate-papo". As 78 crônicas publicadas foram compiladas no livro *Recados disfarçados*, lançado em 2010, pela Companhia Editora Nacional. O título do livro se refere, literalmente, aos recados disfarçados que Iris dava ao marido em suas colunas, até mesmo durante a separação. Leão Lobo, então editor da *Contigo* e um dos responsáveis pelo início das colunas de Iris na revista, comentou sobre essa fase:

> "O Décio [Piccinini] era diretor da revista *Contigo* e eu era o editor. Um dia ele chegou para mim e falou assim: 'O que você acha de a gente colocar a dona Iris fazendo uma coluna? Ela está querendo'. Respondi que achava maravilhoso. Quando chegamos no domingo para fazer o programa [*Show de Calouros*], o Silvio veio nos perguntar quanto a Iris ganharia por coluna. Depois que dissemos o valor, ele questionou: 'Mas isso aí multiplicado por quatro, né? Já que a coluna é semanal, ela ganhará tanto por mês?'. Concordamos. Com o bom humor de

> sempre, ele foi até o meio do palco e voltou sorrindo. 'Mas é assim que ela vai se tornar independente'[risos]. Hoje ela é um estrondoso sucesso no SBT. Eu e Décio somos muito orgulhosos por termos dado a primeira oportunidade à dona Iris. O talento já estava ali, só precisava de uma chance mesmo."

Anos após essa primeira experiência na *Contigo*, Iris estava diante de uma nova oportunidade. Confiante de que conseguiria êxito na função, ela sugeriu ao marido que fizesse ela mesma as novas novelas do SBT. E, como todos já sabem, recebeu o aval de Silvio para seguir em frente. Após tantos anos, Iris retomaria a atividade profissional. Depois de conversar com o diretor de dramaturgia do SBT, ela começou a fazer possíveis sinopses para novelas, bem como procurar a equipe que estaria ao seu lado para que o objetivo fosse cumprido. O sonho começou a se tornar realidade.

A primeira novela que saiu dessa nova fase profissional de Iris foi *Revelação*, exibida entre dezembro de 2008 e junho de 2009. Assim como a novela seguinte, *Vende-se um véu de noiva* (adaptação de Janete Clair), a primeira não teve um ibope muito alto. No início do trabalho, certamente pensava-se que Iris não aguentaria por muito tempo a pressão da nova rotina. Ledo engano, pois o talento, aliado à força de vontade, mostrou que ela viera para ficar, desmistificando o estereótipo da "esposa do patrão". Apesar do baixo índice de audiência em suas primeiras novelas, Iris perseverou.

A antiga propriedade que havia sido o cenário do reality show *Casa dos Artistas* passou a ser o escritório de Iris e sua equipe. Em 2012 foi lançada *Corações feridos*, mais uma novela para o seu currículo. Mas seria a seguir, com os remakes de *Carrossel* e *Chiquititas,* que Iris Abravanel demonstraria seu verdadeiro potencial. Com esses dois sucessos, ela alcançou a notoriedade. No ano de 2012, com o trabalho de Iris, o SBT arrecadou mais de R$ 100 milhões em licenciamento, além de alcançar a vice-liderança de audiência. A seguir, Iris faria *Patrulha Salvadora* e *Cúmplices de um resgate.* A segunda novela, que era sobre duas gêmeas interpretadas pela atriz e cantora Larissa Manoela, fenômeno de público, tornou-se uma das novelas brasileiras que ficou mais tempo no ar. Desde 2008, quando sua primeira novela entrou na grade do SBT, somam-se sete novelas com autoria de Iris Abravanel.

O NASCIMENTO DO SBT

No início da década de 1980, Silvio já tinha conseguido a concessão de sua primeira emissora há mais de quatro anos. Porém, a TVS era apenas o primeiro passo do apresentador como dono de televisão, e ele tinha muito mais para conquistar. A emissora era uma concessão do canal 11 do Rio de Janeiro e que, portanto, só transmitia sua grade de programação para a cidade natal de seu dono. Mas isso era pouco para os planos do apresentador: ele queria uma emissora que se transformasse em uma verdadeira rede, um sistema de televisão.

Desde o início da era da televisão no Brasil com a Tupi, em 1950, diversas foram as emissoras que sucumbiram diante de seus telespectadores. Não foram poucos os canais (como a própria TV Tupi e a TV Excelsior) extintos em decorrência das graves crises econômicas do período. Para o governo brasileiro estava claro que a liberação de concessões era um processo muito delicado, que envolvia um planejamento verdadeiramente cuidadoso para que fosse viável. Afinal, em caso de fracasso, os impactos econômicos seriam muitos. O próprio Silvio, antes de conseguir a TVS, já havia tentado uma concessão sem sucesso.

Foi somente com o projeto apresentado para a sua emissora, em 1975, com a questão da sustentabilidade financeira pelas próprias empresas do grupo, que o Ministério das Comunicações lhe concedeu o seu tão sonhado canal.

Com a nova concessão instaurada em 30 de setembro de 1980, seriam mais duas redes disponíveis. Essa era uma oportunidade e tanto para Silvio e seu grupo, que viam ali a possibilidade de construir um sistema de televisão com maior abrangência e influência. No início, Silvio e seu grupo tentaram convencer o Ministério das Comunicações a cancelar o processo de licitação, para que as emissoras já existentes fossem fortalecidas. Assim, essas emissoras não padeceriam do mesmo mal de tantas outras, acabando na extinção. Com o processo de licitação aberto, entretanto, o jogo era outro e Silvio e sua equipe estavam mais preparados do que nunca. Agora, eles voltariam a lutar por mais essa chance de fortalecimento como meio de comunicação brasileiro.

Silvio sabia que era um forte candidato para conquistar uma das duas redes que estavam em jogo. Afinal, era reconhecido como um empresário muito capacitado e com solidez financeira. Além disso, já era um veterano em termos de conhecimento sobre televisão, já que trabalhava nessa área desde a década de 1960. Apesar da confiança que tinha em si mesmo, não eram poucos os que concorriam pelo mesmo objetivo. Na hora de decidir pelo nome de seu grupo, Silvio optou por não utilizar rede, trocando por sistema. Havia algumas outras opções de nomes com "rede" também: Rede Brasileira de Televisão (RBT), Rede Nacional de Comunicações e Rede

SS de Televisão. O nome acatado foi sugestão de José Eduardo Piza Marcondes, que chegou a ser diretor do SBT. Então, além do Sistema Brasileiro de Televisão de Silvio, o Ministério das Comunicações recebeu propostas de oito outros candidatos: Rede Piratininga de Rádio e Televisão, Rede Capital, Rede Rondon de Comunicações, Sistema Brasileiro de Comunicação, TV Manchete, Grupo Visão, Rádio Jornal do Brasil e o Grupo Abril.

Para avaliar como estava a opinião pública, Silvio encomendou uma pesquisa de ibope sobre o tema. O resultado foi que a maioria dos entrevistados achava que ele realmente deveria estar entre um dos ganhadores das redes. Ele se apresentava como melhor candidato à concessão para o público em todas as regiões em que a pesquisa foi conduzida, bem como entre todas as classes sociais. Isso demonstrava a aceitação que ele tinha nos mais diversos perfis de públicos.

Apesar de contar com toda a torcida da população, o jogo não estava finalizado e muito menos com a vitória decretada para Silvio. Afinal, nesse caso, não era o povo que decidiria o destino das emissoras de televisão, mas o governo, na figura do Ministério das Comunicações. Vale ressaltar que, apesar de ter o comando total da TVS nessa época, Silvio também detinha boa parte das ações da TV Record, o que o colocava na figura de importante gestor da emissora. Paulo Machado de Carvalho, o outro acionista da rede, só veio a descobrir tempos depois sobre o papel de Silvio em sua televisão, e não gostou nada da novidade. Mas, àquela altura do campeonato, Silvio já possuía as ações e tinha indiscutível poder de comando na emissora. Por diversas vezes participou da contratação de funcionários e de decisões estratégicas – afinal, o destino da TV Record também era de seu interesse.

Nessa época, Silvio havia conseguido os direitos de transmissão do concurso Miss Brasil, que durante 26 anos tinha sido um fenômeno de audiência do conglomerado de mídia Diários Associados, grupo fundado por Assis Chateaubriand e que apresentava o concurso de beleza desde 1955. Em 1981, Silvio utilizou a TV Record para transmitir o Miss Brasil. Na ocasião, a transmissão chegou a alcançar mais de 40 pontos de audiência, número que representava um feito histórico para o evento. Mas a Record passaria por diversas crises financeiras até que, em 1989, Silvio e Paulo Machado de Carvalho decidiram vender a emissora. Quem adquiriu 100% das ações da Record em São Paulo, em São José do Rio Preto e em Franca foi o bispo Edir Macedo.

Em 1981, Silvio finalmente alcançaria a concessão da rede que tanto sonhava. Mas foi preciso mais do que a pesquisa de opinião pública para chegar à reta final. Assim como no caso da concessão da TVS, Silvio e sua equipe tiveram que batalhar muito para alcançar o objetivo. Mais uma vez, membros da sua equipe, como Luciano Callegari e Arlindo Silva, estiveram presentes nessa importante fase profissional. Algumas viagens para Brasília foram necessárias, assim como algumas reuniões com peças-chave do governo. Dessa vez, o ministro das Comunicações era Haroldo Corrêa de Mattos, o homem que teria a palavra final na decisão das concessões. Mostrando mais uma vez a seriedade e a viabilidade do seu projeto para um sistema de televisão, o empresário e

Acima, à direita: Silvio em estúdio gravando seu segundo LP, chamado *Show de Alegria – Silvio Santos e Suas Colegas de Trabalho*, em 1975.

Acima: Silvio Santos aos 18 anos, na Escola de Paraquedismo.

Ao lado direito: auditório do Teatro Manoel de Nóbrega, 1976.

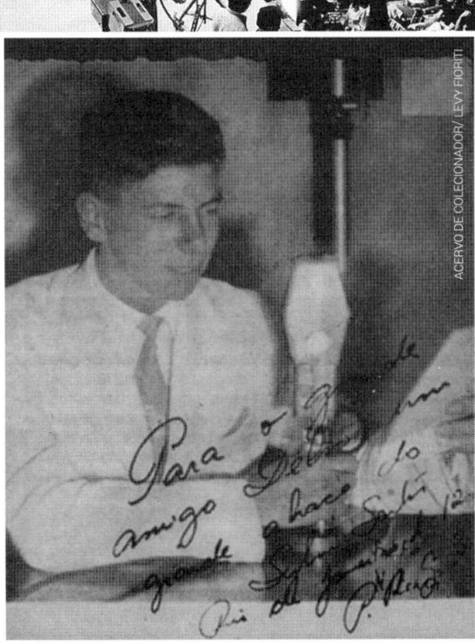

Foto autografada por Silvio para um sargento que o orientou durante o período de permanência no Exército. A imagem data de sua época nas rádios.

DIVULGAÇÃO/INTERNET

DIVULGAÇÃO/INTERNET

Acima, à esquerda: a famosa capa da revista *Melodias*, de 1971. Do lado direito, Silvio e uma cliente durante um sorteio do Carnet da Felicidade, no Festival da Casa Própria, na TV Tupi (anos 1960).

Ao lado, à esquerda: Silvio e seu querido amigo Manoel de Nóbrega.

Ao lado, Silvio e sua primeira esposa, Cidinha, em um dos raros cliques do casal.

Abaixo, Silvio assinando os documentos de concessão do SBT em 1981 ao lado do Ministro das Comunicações Haroldo Corrêa de Mattos; e depois, no momento em que recebe o título de Cidadão Honorário do Rio de Janeiro, em 1976.

ACERVO DE COLECIONADOR/ LEVY FIORITI

ACERVO DE COLECIONADOR/ LEVY FIORITI/ JOÃO B. SILVA

ACERVO DE COLECIONADOR / LEVY FIORITI

Acima, foto especial de Mara Maravilha interagindo com seu "paitrão" no programa *Show de Prêmios*, 1991.

Ao lado, Silvio e as "silvetes". Abaixo, entrevista do apresentador com crianças no quadro "Boa noite, Cinderela" em 1972, na Rede Globo.

ACERVO DE COLECIONADOR / LEVY FIORITI

DIVULGAÇÃO/INTERNET

Acima à esquerda, Silvio entrega o Troféu Imprensa ao apresentador Flavio Cavalcanti. A foto acima, à direita, dispensa comentários: Silvio e o famoso palhaço Bozo.

Ao lado, foto pessoal de Flor. Ela lembra com carinho de todos os momentos ao lado de Silvio. Abaixo, Pedro de Lara, Décio Piccinini, Sônia Lima e Leão Lobo na famosa bancada do *Show de Calouros*.

ACERVO PESSOAL/FLOR

FOTO: MARCIA BATISTA

Acima, registros da sala do Roque no dia da entrevista para este livro. Um verdadeiro templo ao Silvio e à história do SBT.

Abaixo, carta escrita a mão por Silvio aos funcionários, em comemoração aos 50 anos do Grupo Silvio Santos, em 2008.

A transcrição da carta pode ser encontrada na p. 261 deste livro.

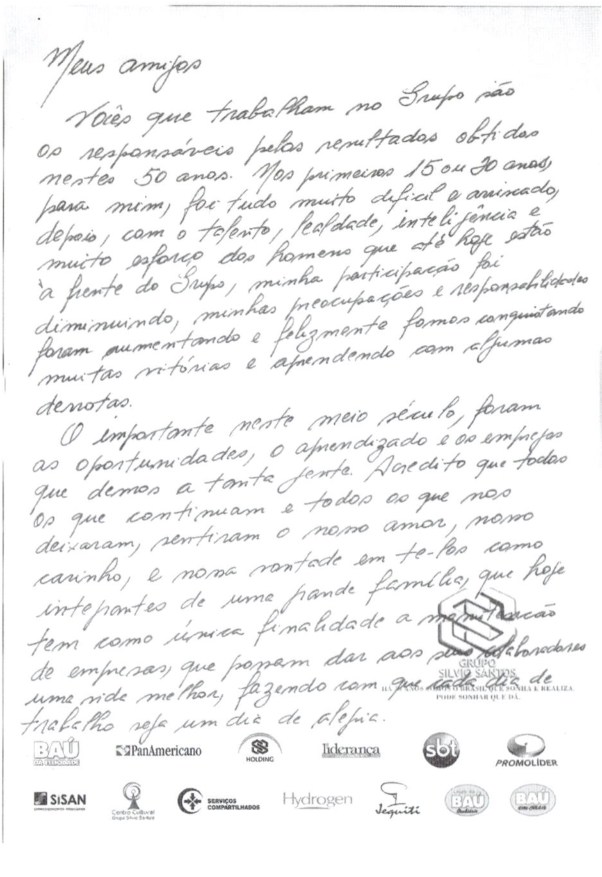

Meus amigos

Vocês que trabalham no Grupo são os responsáveis pelos resultados obtidos nestes 50 anos. Nos primeiros 15 ou 20 anos, para mim, foi tudo muito difícil e arriscado, depois, com o talento, lealdade, inteligência e muito esforço dos homens que até hoje estão à frente do Grupo, minha participação foi diminuindo, minhas preocupações e responsabilidades foram aumentando e felizmente fomos conquistando muitas vitórias e aprendendo com algumas derrotas.

O importante neste meio século, foram as oportunidades, o aprendizado e os empregos que demos a tanta gente. Acredito que todos os que continuam e todos os que nos deixaram, sentiram o nosso amor, nosso carinho, e nossa vontade em tê-los como integrantes de uma grande família, que hoje tem como única finalidade a manutenção de empresas, que possam dar aos seus colaboradores uma vida melhor, fazendo com que cada dia de trabalho seja um dia de alegria.

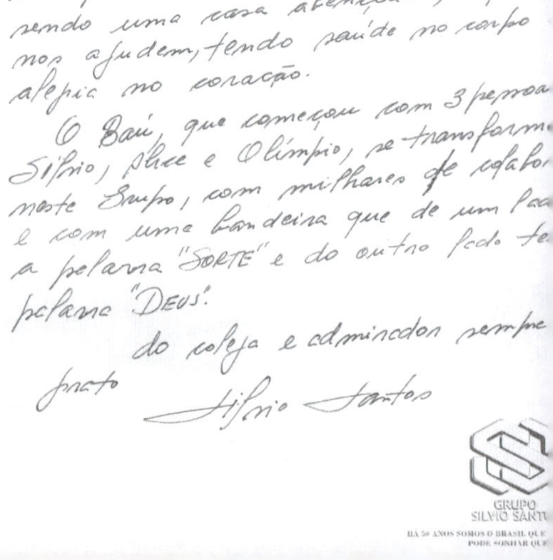

Que cada um de vocês entre no se[u]
com a mesma satisfação que eu entr[o]
meus programas. Que o nosso melhor
pagamento, seja a felicidade que sen[timos]
nas tarefas que estamos realizando.
nos próximos anos, o Grupo contin[ue]
sendo uma casa abençoada, e que
nos ajudem, tendo saúde no corpo
alegria no coração.

O Baú, que começou com 3 pessoa[s]
Silvio, Alice e Olímpio, se transform[ou]
neste Grupo, com milhares de colabor[adores]
e com uma bandeira que de um la[do]
a palavra "SORTE" e do outro lado te[m]
palavra "DEUS".

do colega e admirador sempre grato

Silvio Santos

Ao lado, Silvio e sua amada Iris durante a cerimônia de casamento do casal, em 1981.

À direita, Silvio comemorando o sucesso estrondoso da *Casa dos Artistas,* em 2001.

À esquerda, Silvio dando um selinho em Hebe Camargo durante a entrega do Troféu Imprensa de 2009.

Ao lado, Silvio com a talentosa Maisa Silva. Momentos eternizados na memória das novas gerações.

Acima e ao lado, Silvio e seu jeito cativante de interagir com a plateia.

sua equipe obtiveram mais uma importante vitória. Agora, estava nascendo o Sistema Brasileiro de Televisão.

No dia 25 de março de 1981, foi assinado o decreto número 85.841 pelo presidente da República João Figueiredo. A Silvio foi concedida a rede de quatro canais, que compreendia a TV Tupi de São Paulo, a TV Marajoara de Belém, a TV Piratini de Porto Alegre e a TV Continental do Rio de Janeiro. Tanto o canal de São Paulo como a TV Marajoara e a TV Piratini eram, anteriormente, de propriedade da TV Tupi. Agora, Silvio tinha canais em cidades estratégicas nacionalmente: São Paulo e Rio de Janeiro. Para ele, era muito importante ter um canal em São Paulo, afinal, apesar de sua primeira emissora ter sido uma concessão no Rio de Janeiro, seus estúdios localizavam-se na terra da garoa, mais especificamente na Vila Guilherme.

Os outros cinco canais que estavam em processo de concessão (TV Italacomi de Belo Horizonte, TV Rádio Clube do Recife, TV Ceará de Fortaleza, TV Tupi do Rio de Janeiro e TV Excelsior de São Paulo) foram concedidos à empresa Bloch, outro importante grupo de mídia brasileiro, fundado por Adolpho Bloch, um ucraniano que imigrou para o Brasil com sua família em 1922. O grupo seria fundador de publicações que marcaram época na comunicação brasileira. Em 26 de abril de 1952, Adolpho Bloch lançou seu maior sucesso editorial: a revista *Manchete*.

A publicação da empresa de Bloch passou a ser concorrente de umas das principais publicações nacionais, a revista semanal *O Cruzeiro*, lançada a partir de 1928 pelo Grupo Diários Associados. A *Manchete* chamou atenção devido à sua alta qualidade editorial – que cobriu o nascimento de Brasília e tinha um quadro de peso entre seus colaboradores, como Carlos Drummond de Andrade, Manuel Bandeira e Fernando Sabino.

Com a concessão adquirida junto ao Ministério das Comunicações em 1981, foi fundada dois anos depois, em junho de 1983, a TV Manchete. O primeiro programa da emissora foi a atração *Mundo Mágico*, que trazia grandes astros da música nacional e internacional. Alguns nomes que se apresentaram na atração foram Blitz, Paulinho da Viola, Lucinha Lins, Erasmo Carlos e muitos outros. Após a apresentação de *Mundo Mágico*, a Rede Manchete passou o filme *Contatos imediatos de terceiro grau*, dirigido por Steven Spielberg, que não havia sido exibido em rede nacional até então. Com a exibição do filme, a emissora atingiu um marco impressionante: venceram a liderança da Rede Globo de Televisão durante o horário de exibição. Apesar de ter apresentado atrações importantes na história da televisão brasileira, a Rede Manchete seria mais uma das emissoras a falir por conta de problemas financeiros. Em 10 de maio de 1999, a emissora saiu do ar em decorrência de uma grande dívida.

Diante do cenário instável em que sempre se encontrou a televisão brasileira, era com muita alegria, e ao mesmo tempo senso de responsabilidade, que Silvio Santos recebia a nova missão de gerenciar uma rede de televisão com diversos canais. Os desafios, obviamente, não seriam poucos.

A assinatura do contrato de concessão foi efetuada por Silvio em Brasília, em 19 de agosto de 1981. O apresentador e dono da mais nova rede de televisão brasileira aproveitou o momento solene para ter mais uma atitude inusitada: iniciou as transmissões do SBT justamente com a assinatura do contrato. Silvio, emocionado, não somente se mostrou aliviado pelo fato de a "novela" ter chegado ao fim, como também aproveitou o momento para agradecer àqueles que estiveram ao seu lado (e torceram por ele) durante o processo de licitação. Entre os agradecidos estavam o público telespectador que acompanhava o trabalho dele desde o rádio e também, especialmente, as donas de casa (as fiéis companheiras, como ele as chama).

Não era à toa que Silvio estava emocionado na ocasião. Como ele mesmo disse, foi um período intenso de trabalho e compromisso, afinal, 10 milhões de dólares foram investidos no novo projeto que estava encabeçando. O Grupo Silvio Santos, na época já com mais de 12 mil funcionários, teria somados ao seu quadro 1.600 representantes dos antigos canais que Silvio acabara de adquirir. Na solenidade, estiveram presentes sua esposa Iris, amigos, colegas de profissão e autoridades. Era uma imensa plateia. Havia também representantes de sua equipe, que, assim como ele, abriram mão de estar com a família para que a concessão fosse conquistada. Silvio se declarou feliz, porém nervoso, enquanto enviava um recado à esposa Iris:

> "Eu estou feliz, um pouco nervoso, mas feliz. Feliz porque estou vendo diante de mim a minha esposa, os meus amigos, alguns dos meus colegas e as autoridades que dirigem o nosso país. Para minha esposa Iris, que está aqui na plateia, eu quero dizer que não se preocupe. O trabalho vai aumentar, mas eu continuarei sendo o bom marido e pai que sempre fui. Eu dirijo o meu trabalho, o meu trabalho não me dirige."

Aos funcionários, Silvio disse que seria muito mais colega de profissão e muito menos patrão. Com muita emoção e orgulho, ele ressaltou as dificuldades e as conquistas que acompanhavam o dia a dia na profissão, que não deixava de ser apaixonante justamente por isso. Diante das autoridades governamentais que se fizeram presentes na assinatura do contrato, ele fez questão de reassumir o compromisso que levava com convicção de prestar os melhores serviços em benefício do Brasil e da própria população. Afinal, como ele sempre fez questão de frisar, o apoio do povo brasileiro foi crucial em todas as suas conquistas.

Silvio, muito emocionado pelo fato de estar fazendo a primeira transmissão de seu sistema de TV, finalizou citando Deus e demonstrando o apreço que tem pelo país e seu povo: "Peço a Deus que me dê saúde, que me ilumine e que me ajude. Peço também que ele abençoe este país e o povo admirável e carinhoso que aqui vive." Esse era um momento glorioso para o menino filho de imigrantes judeus e de classe média carioca.

Certa vez, em seu programa no SBT, o próprio Silvio comentou sobre sua trajetória:

> "Eu não nasci dono de televisão. Eu fui dono de televisão porque os donos de televisão fecharam as portas para mim. Quando se fecha uma porta, Deus abre uma janela. Fui obrigado a ser dono de televisão ao comprar 50% de ações. Eu não nasci dono de televisão, eu nasci animador de programas, continuaria sendo animador de programas se os homens não fossem tão vaidosos, tão poderosos."

Toda a equipe do SBT teria um trabalho árduo à sua frente para unificar a gestão de todos os canais da emissora, funcionando realmente como um sistema de televisão, e para garantir a qualidade na programação. A assinatura do contrato de concessão era um momento de celebração, mas, a partir desse ponto, iniciava-se uma nova jornada. E Silvio sempre foi conhecido por ser bastante exigente com sua equipe, o que era necessário para que o grupo funcionasse conforme seus objetivos.

Inaugurado o SBT, em agosto de 1981, era preciso "acolher" os antigos funcionários dos outros canais, alocando-os em novas funções, além de resolver as situações das dívidas pendentes que agora eram responsabilidade de Silvio. Tudo que ele não precisava naquele momento era pendurar uma dívida quando era necessário fôlego financeiro para investir em sua rede de televisão e fazê-la crescer. Para evitar ter que lidar com esse problema, Silvio, através de um acordo com a TV Record, importou dois transmissores de sinal RCA e comprou uma antena que foi colocada na torre da emissora localizada na Avenida Paulista. Dessa forma, ele teria sua própria estrutura em São Paulo e não precisaria usar a da TV Tupi. A atual torre do SBT, localizada no Sumaré, foi arrematada posteriormente em leilão da ex-Tupi.[11]

Em 2000, Silvio chegou a pagar quase R$ 6 milhões em dívidas de direitos trabalhistas da antiga TV Tupi, que foram assumidas pelo SBT após a aquisição da emissora. Mais de oitocentos funcionários da Tupi passaram a trabalhar no SBT. Alguns desses, como muitos profissionais que Silvio contratou em suas empresas, passaram décadas trabalhando ao seu lado. Além dos desafios estruturais, a grande questão do SBT era como atender às exigências do Ministério das Comunicações. Afinal, havia uma grade de programação a ser cumprida. Passado o momento solene e emocionante da assinatura, agora estariam em pauta outros desafios e objetivos para a equipe que tanto trabalhara para conseguir a concessão do canal. Uma vez que já tinham permissão para operar, era preciso colocar a mão na massa e trabalhar.

OS PRIMEIROS PASSOS DO SBT

Quando inaugurou sua rede de televisão, que chamou de SBT, Silvio Santos já era um mito. O cenário tinha dois lados: havia (como sempre) a torcida para que tudo desse certo e também os desafios de uma responsabilidade maior. Desde a década de 1960 os brasileiros estavam acostumados a acompanhar de perto o que o seu ídolo fazia. Foi assim também com o nascimento do SBT. A expectativa era alta para saber qual seria a cara da emissora nessa nova fase e como seria seu desempenho, visto que muitas empresas de grandes grupos de mídia já haviam sucumbido antes de Silvio. Ele não queria ver seus empreendimentos tendo o mesmo destino que seus antigos colegas e concorrentes.

O primeiro desafio importante após a concretização da etapa estrutural era atender às exigências estipuladas pelo Ministério das Comunicações. Sendo uma rede de televisão, o SBT precisava operar como tal e cumprir a grade mínima de doze horas diárias de programação, determinadas por lei. Agora que Silvio tinha uma emissora com maior abrangência, poderia adotar sua filosofia em toda a grade, sem ter que se preocupar com interferências – o que o incomodava durante a época na Rede Globo.

Desde o primeiro momento, o empresário apostou em uma programação mais popular, o que logo de cara já lhe rendeu destaque na audiência. Isso fez com que ele apostasse crescentemente nesse tipo de programação para um público que se tornava cada vez mais fiel. Uma estratégia utilizada desde o início foi a transmissão de desenhos animados para agradar ao público infantil. Esse era um dos trunfos do SBT para alcançar boa audiência.

Hoje em dia, muitos canais abertos deixaram de exibir desenhos, mas Silvio, ao contrário, não pretende retirar de sua grade esse tipo de atração. Recentemente, houve até um questionamento da parte de sua equipe sobre esse direcionamento, afinal, com leis cada vez mais restritas em relação à publicidade voltada ao público infantil, essa programação acaba não trazendo tanto retorno para a emissora. Silvio, no entanto, segue com a mesma opinião. De acordo com a coluna "TV e Famosos" do Portal UOL, o dono do SBT foi categórico em sua postura:

> "O SBT não vai deixar de exibir desenhos animados, não. Não me interessa se estou perdendo dinheiro (nas manhãs) porque (para mim) exibir desenhos é uma obrigação para com as crianças. O SBT não está aqui só para fazer dinheiro, tem outras coisas (envolvidas).[12]"

Além disso, ele fez questão de ressaltar a importância dos desenhos na história da emissora: "Se quiserem tirar os desenhos da grade depois que eu morrer, fiquem à vontade, mas enquanto eu estiver vivo eles vão continuar. O telespectador do *SBT Brasil* de hoje era o telespectador do *Chaves* vinte anos atrás. A criança é o mais fiel dos telespectadores."

Um dos grandes sucessos do SBT e uma das mais marcantes atrações infantis foi o programa do palhaço Bozo. A atração estreou na emissora ainda em 1981 e ficaria no ar até 1991, marcando a vida de muitas crianças. O Bozo, na verdade, não foi invenção do Silvio: ele adquiriu os direitos do personagem criado nos Estados Unidos, em 1946, por Alan Livingston, um produtor musical. O Bozo teve sua estreia no álbum *Bozo at the Circus* da gravadora Capitol Records, tornando-se grande fenômeno não só musical, como também de programas de televisão e de licenciamento. O famoso palhaço teve mais de duzentos intérpretes. O Brasil foi um dos poucos lugares no mundo em que o personagem alcançou êxito semelhante ao dos Estados Unidos.

Quando adquiriu os direitos para criar o seu próprio programa com o Bozo, Silvio pensou, primeiramente, que ele seria a melhor pessoa para interpretar o palhaço. Passado esse primeiro momento de empolgação, a ideia se mostrou duvidosa, percebendo que não faria bem à sua imagem misturar a persona do apresentador e empresário com a de um palhaço, uma vez que não seria difícil para o público reconhecê-lo, considerando seu jeito único. Ele decidiu então contratar o ator Wanderley Tribeck, que vinha sendo treinado por um dos mais notáveis intérpretes do palhaço na época, o americano Larry Harmon. Wandeko Pipoca, como era conhecido, foi intérprete do famoso palhaço até 1983, sendo que o disco do Bozo gravado por ele ultrapassou 100 mil cópias vendidas. No SBT, o palhaço foi interpretado por diversos atores, como Arlindo Barreto, Luís Ricardo e Marcos Pajé. Um dos grandes motivos de sucesso da atração e do personagem era justamente seu carisma junto ao público infantil, especialmente quando pedia uma "bitoca no nariz" ou quando distribuía prêmios pelo telefone, bem ao estilo Silvio Santos.

A aquisição dos direitos do famoso palhaço foi uma decisão muito acertada da parte de Silvio. Além do enorme sucesso de audiência, ele bateu recorde de venda de discos, chegando a conquistar três discos de ouro. Sua aparência chamativa com cabelo cor de fogo e maquiagem exagerada não assustava as crianças, ao contrário, lhes chamava muito a atenção. O palhaço, apesar de sua popularidade, não apresentava o programa sozinho. Durante a atração havia outros personagens que se juntavam a ele, como era o caso da Vovó Mafalda, uma vovó carismática e bem-humorada, interpretada por Valentino Guzzo.

Outra exigência do Ministério das Comunicações era que uma parte da grade, 5% da programação, fosse preenchida com programas jornalísticos. Por isso, pouco tempo após a estreia da emissora, entrava no ar o primeiro telejornal do SBT, chamado de *Noticentro*. Gravado nos estúdios da Vila Guilherme, em São Paulo, o programa jornalístico era o primeiro do gênero a ser apresentado durante a manhã. A equipe que compunha o jornal era formada por antigos funcionários da TV Tupi e tinha nomes como Humberto Mesquita, Almir Guimarães e Gilberto Ribeiro. Após pouco menos de um ano, em 1982, o programa *Noticentro* passou a ser transmitido ao vivo, alterando seu horário para as

19h. Contudo, a atração não era uma grande aposta jornalística da parte de Silvio. Famoso por não dar tanto foco ao gênero em sua emissora, o programa só entrara no ar para cumprir as exigências contratuais da concessão.

Outras apostas do SBT na área do jornalismo foram o jornal *24 Horas*, que iniciava à meia-noite, e o *Jornal da Cidade*. Nenhuma dessas atrações teve muito destaque, o que fez Silvio pensar em novas estratégias, até mesmo para aumentar seu faturamento. Após alguns anos com esse jornais, o SBT trouxe à sua grade de programação uma nova proposta de telejornalismo: o jornal *TJ Brasil*, apresentado pelo jornalista Boris Casoy. Com a aposta, a emissora queria melhorar a visibilidade que tinha no gênero e, assim, impulsionar a receita. Apesar de estar estreando como apresentador de telejornal nessa atração do SBT, Boris já era um veterano da comunicação brasileira. Ele iniciou sua carreira jornalística ainda jovem, como o patrão Silvio, aos 15 anos como locutor esportivo de rádio. Na década de 1960, na TV Tupi, adquiriu experiência como repórter em atrações da emissora.

Um dos grandes responsáveis pelo sucesso do *TJ Brasil* foi justamente o âncora, na figura de Boris Casoy. A passagem pela emissora na bancada do telejornal traria muito prestígio ao jornalista, que ficou na casa até 1997, quando saiu para a TV Record, sendo substituído pelo jornalista Hermano Henning. Em reportagem realizada para a *Folha de S.Paulo*, o jornalista Carlos Eduardo Lins da Silva, que teve acesso ao piloto do telejornal antes de sua estreia, mostrou-se entusiasmado com o que o noticiário poderia trazer ao público: “O melhor do piloto é Boris

Casoy. Ele demonstra ser um apresentador seguro e formal, que transmite a imagem de credibilidade indispensável para o seu papel de âncora." Além disso, o jornalista ressaltou o potencial que o programa tinha, sem deixar de citar os desafios também:

> A estreia de ontem justificou a expectativa de que Globo e Manchete passem a ter agora um concorrente de nível na área de telejornalismo. Mas realçou as dificuldades que Casoy e sua equipe terão de superar até conseguirem produzir um programa capaz de ser reconhecido como melhor do que o dos adversários.[13]

As telenovelas sempre tiveram espaço no SBT, especialmente as produções mexicanas, que representavam um custo menor para Silvio (já que não teria que produzir) e também eram bem recebidas pelo telespectador do canal. Os dramas mexicanos exibidos no SBT criaram mania no público, gerando até ídolos a partir dessas produções. A primeira novela mexicana exibida no SBT, e grande sucesso de público, foi a atração *Os ricos também choram*. A trama é sobre o encontro da mocinha simples, Mariana Villarica, vivida pela atriz Veronica Castro, com o milionário Don Alberto Salvatierra, que foi interpretado por Augusto Benedico.

As novelas entraram na programação a partir de uma parceria entre o SBT e a Televisa, um importante grupo de mídia mexicano, fundado em 1973. Junto à aquisição das novelas mexicanas, chegaria à emissora um programa que se tornaria ícone da televisão, bem como do próprio SBT: *Chaves*! Em 2016, o seriado criado por Roberto Bolaños completou 45 anos de história. No Brasil, o programa entrou no ar em 1984, fazendo desde então parte da grade da emissora. Apesar de todo o sucesso, não foi de cara uma aposta da direção do SBT.

Na década de 1980, quando chegou ao SBT com as outras atrações da Televisa, a diretoria da emissora não ficou impressionada com a turma do Seu Madruga, Chiquinha, Chaves e companhia. Na realidade, eles acreditavam que a série tinha uma péssima qualidade e que não havia chance de fazer sucesso. Mais uma vez, Silvio mostraria que sua visão estava à frente da de muitas pessoas: foi por sua insistência, por acreditar no potencial da atração, que *Chaves* estreou na emissora. Após sua estreia, todos haveriam de concordar com o "patrão". *Chaves* tornou-se fenômeno de audiência em qualquer horário em que fosse transmitido. Mesmo sendo repetido exaustivamente, os fãs não se cansam da atração. O famoso episódio da viagem da turma para Acapulco virou um clássico da série.

Um programa que atendia bem ao perfil popular que tanto valorizava Silvio Santos foi a atração *O Povo na TV*. Exibida desde 1981, o principal objetivo era incentivar a população a falar sobre seus problemas, bem como resolvê-los no ar. Dirigida por Wilton Franco, a atração era exibida ao vivo e contava com a participação de nomes como Christina Rocha e Sérgio Mallandro. Como tinha um forte apelo popular, foi conquistando cada dia mais a audiência do público. Uma vez que era apresentado ao vivo, diversos foram os momentos polêmicos e inusitados. Com formato irreverente e contestador, o programa saiu da grade do SBT. Apesar do seu término, ele influenciou diversos programas do gênero, caso de atrações como *Aqui Agora* (1991), *Cadeia Nacional* (1992) e *190 Urgente* (1996).

E o que dizer sobre o programa do patrão? Ou "paitrão", como muitos fazem questão de frisar. O *Programa Silvio Santos* é sucesso absoluto há décadas, e já faz parte de nossa memória afetiva o apresentador interagindo com a plateia e distribuindo aviõezinhos de dinheiro. *Show de Calouros*, apresentado como quadro fixo desde 1973, permaneceu no programa durante mais de vinte anos. A fórmula mágica era bem simples: pessoas anônimas apresentavam números artísticos para que os jurados pudessem avaliar suas performances.

Os jurados eram um show à parte. A bancada era composta por nomes importantes da classe artística brasileira, como Pedro de Lara, que, assim como Silvio, antes de estrear na televisão trabalhava como radialista. O pernambucano estreou no rádio ainda na década de 1960. Foi no *Show de Calouros*, entretanto, que viria a se consagrar e se tornar realmente conhecido. Outros jurados foram Elke Maravilha, Sérgio Mallandro, Sônia Lima, Vagner Montes, Leão Lobo, Décio Piccinini e Florina Fernandez – mais conhecida como Flor. Além do *Show de Calouros,* outras atrações marcantes da época que fizeram história no SBT foram o *Domingo no Parque*, o *Qual é a Música?* e o *Jogo da Roleta.*

Não era somente o formato dos programas que chamava a atenção do público, mas, também – e talvez principalmente –, a figura irreverente de Silvio, que sempre pareceu muito diferente do conceito que se tinha de apresentador de televisão. São inúmeras as cenas marcantes de Silvio em suas atrações: seja caindo no palco (como na famosa vez em que desabou em um tanque de água), seja na sua franqueza com as perguntas dos telespectadores, ou mesmo dando broncas engraçadas ao vivo em seus funcionários. Silvio nunca fez questão de esconder sua personalidade sincera e brincalhona.

Sua popularidade, desde o início da trajetória profissional, é decorrente de seu enorme carisma. Afinal, não é qualquer um que segura um programa durante horas no domingo e mesmo assim mantém altos índices de audiência. Silvio, com sua simplicidade no jeito de ser e de se portar diante do público, por diversas vezes cometeu gafes ou "micos" em seu programa. Ele até ria de si mesmo nesses momentos, criando uma identificação com o seu telespectador – afinal, um mito como Silvio Santos também pode cometer erros e se divertir com eles.

Essas atrações mais populares agradavam em cheio os telespectadores, mas nem tanto os patrocinadores. Preocupado, Silvio identificou a necessidade de realizar alterações em sua grade sem perder a essência da emissora, para que pudesse conquistar uma fatia maior do bolo publicitário. E foi em meados da década de 1980 que o cenário começou a mudar. Agora, o homem do povo Silvio Santos precisava dar um toque mais "fino" ao seu sistema de televisão.

O HOMEM QUE ENXERGA COM A ALMA

Silvio sempre foi muito decidido em sua vida. Até demais às vezes, contrariando em muitos momentos aqueles que pensavam diferente dele. No SBT, diversos são os relatos de situações em que o "patrão" acaba desconsiderando as sugestões de seus funcionários, pois sua intuição e sua visão lhe mostram o caminho correto a seguir. Ele parece querer ir sempre além do *status quo* e costuma acertar em suas decisões.

Mas que homem de negócios bem-sucedido não é assim? Afinal, sejamos francos, quem deseja construir um império – como é o caso do Grupo Silvio Santos – precisa ter pulso firme em suas decisões. Poucos conhecem os bastidores dessa história, mas por pouco o pupilo de Silvio no SBT, Gugu Liberato, não foi para a Rede Globo de Televisão no auge do sucesso de seu primeiro programa, *Viva a Noite*. A permanência de Gugu foi uma das decisões unilaterais (ou quase) de Silvio.

Em 1987, o programa apresentado por Gugu aos sábados era um verdadeiro sucesso. Seus quadros, que buscavam agradar a toda a família, bem como os números musicais, prendiam a atenção do telespectador. A criançada adorava o fato de *Viva a Noite* ser transmitido aos sábados, visto que não havia aula no dia seguinte. Esse era o grande momento de diversão para todos. O êxito que a atração tinha junto ao público trazia excelentes resultados para o SBT, atingindo até 35 pontos de audiência. Esse índice significava ultrapassar a Globo e atingir a liderança em alguns finais de semana – isso sempre um motivo a ser comemorado, afinal, há décadas a emissora concorrente se estabeleceu no posto de maior do Brasil. E quem a batia chamava a sua atenção, pois não era feito para qualquer um. Por essa razão, Gugu entrou na mira da Globo, que passou a desejar o apresentador em seu rol de funcionários.

Encantado com a possibilidade de trabalhar na Rede Globo, Gugu, mesmo estando desde 1974 ao lado de Silvio e tendo aprendido muito com ele, decidiu aceitar o novo desafio para descobrir aonde poderia chegar. Quem trabalha com televisão enxerga na Globo uma imensa possibilidade de aprendizado e, obviamente, projeção. O processo de negociação, entretanto, não foi rápido, e após assinado o contrato, houve muito investimento por parte da Globo: patrocínio de viagens ao exterior para que o apresentador pudesse estar a par do que era mais inovador em termos de televisão, liberdade para escolha do formato do programa, seleção do cenário e muito mais. Rede Globo e Gugu estavam muito felizes e ansiosos com o novo status de relacionamento. Uma pessoa, entretanto, não ficou nada satisfeita quando soube da perda de um dos seus pupilos: Silvio Santos.

Silvio sempre foi muito decidido e assertivo quando se trata da descoberta e contratação de novos talentos. Com Gugu foi assim, quase uma intuição. Quando não tinha nem 15 anos, o futuro apresentador era fã do programa de Silvio. Não um fã como outro qualquer, apenas telespectador, já que sempre tinha ideias de quadros para melhorar ainda mais a qualidade e o sucesso do seu programa preferido, explicando suas propostas através de cartas para o apresentador. Conhecendo apenas sua letra e algumas de suas inovações para um programa de televisão, Silvio sentiu estar em contato com alguém que tinha talento para a área. Não pensou duas vezes e chamou o jovem Augusto para trabalhar ao seu lado na produção do programa, quando ainda era transmitido pela TV Globo, em 1974.

Gugu desenvolveu ainda mais seu talento atuando ao lado de Silvio, especialmente em seu próprio programa no SBT. Silvio sabia que aquele não era o momento de o apresentador partir, pois ainda tinha muito a construir ao seu lado. Quando ficou sabendo da oficialização do contrato, o então chefe de Gugu o chamou em sua casa para esclarecer a situação, já que não o queria fora do SBT. Silvio, em virtude dos problemas de saúde que enfrentava à época, estava preocupado com o futuro do SBT, e sabia que Gugu correspondia a uma peça importante para a imagem da emissora.

Por fim, o apresentador foi convencido pelo persuasivo Silvio de que não deveria ir adiante com a troca. Havia um "pequeno" entrave, entretanto: como poderia comunicar à Globo que não poderia mais trabalhar na emissora depois de tanto tempo de negociação e preparação? Para Silvio, a solução era muito simples: ele mesmo falaria com o doutor Roberto Marinho para avisar que Gugu não deixaria o SBT. Para Gugu, a solução parecia irreal, afinal, como ele poderia falar com o chefe de outra instituição da comunicação brasileira que nunca nem tinha visto pessoalmente, ainda mais informando que o contrato não seria cumprido?

Mas para Silvio já estava decidido e não havia tempo a perder. Eles deveriam ir imediatamente ao escritório de Roberto Marinho fazer o comunicado. Só que os dois estavam em São Paulo e o escritório do fundador da Globo era no Rio de Janeiro. A solução era pegar uma ponte aérea, por isso, seguiram em direção ao aeroporto para comprar o primeiro horário de passagem disponível para o Rio. Gugu, chegando ao aeroporto, disse: "Silvio, precisamos comprar a passagem. Deixa que eu compro na ida e na volta você paga". Obviamente, Silvio Santos no aeroporto de Congonhas era um acontecimento. Ainda mais Silvio Santos estando ao lado de Gugu Liberato: algo surreal para os passageiros que embarcavam naquele dia. O aeroporto parou com o "evento", transformando a situação em algo ainda mais dramático, para não dizer cômico. Pelo pouco tempo de voo, rapidamente chegaram ao aeroporto do Rio de Janeiro, onde pegaram um táxi diretamente para o escritório da Globo. Quando chegaram ao prédio da emissora, Gugu, que já tinha crachá, não precisou nem ser liberado, enquanto Silvio foi barrado pelos seguranças para que passasse suas informações.

Primeiramente, seguiram para a sala de Boni no intuito de conversar com o diretor-geral da concorrente. Ainda tiveram que esperá-lo por um tempo, pois a secretária informou que ele estava almoçando e só chegaria às 16h. Silvio e Gugu não viam outra alternativa além de esperar. Quando Boni chegou e os recebeu em sua sala, Silvio não deixou ninguém falar, já começou a conversa afirmando que Gugu não poderia e não iria para a Globo. Boni, diante dessa situação inusitada, disse que a decisão não era da sua alçada, o único que poderia resolver essa questão era o próprio Roberto Marinho. Silvio não via problema em falar com ele, afinal, estava ali com esse propósito. Mas, achou melhor Gugu ficar de fora da conversa e esperá-lo no aeroporto, para onde iria assim que a situação estivesse resolvida – afinal, ele não aceitaria um "não" como resposta, nem mesmo do dono da Globo. Silvio e Boni acompanharam Gugu até a saída do prédio para que ele pudesse pegar um táxi. Quando Gugu entrou no táxi, o dono do SBT apenas disse: "Vai para o aeroporto e me espera lá".

Para Gugu, havia um problema: como ele pagaria o táxi se todo o seu dinheiro havia sido gasto na compra das passagens aéreas? Não tinha jeito, era preciso pedir o dinheiro emprestado para Silvio. Ao fazer o pedido um tanto quanto constrangedor, Gugu tentou ser discreto e falar baixinho para Silvio: "Estou sem dinheiro, dá para pagar o táxi?". Acontece que discrição não combina muito com Silvio Santos. Ouvindo o pedido de Gugu, Silvio falou para quem quisesse ouvir: "Mas, como não tem dinheiro?". Dá para imaginar a situação hilária?

Silvio, só por ser Silvio Santos, já chama a atenção, pois seu jeito peculiar é reconhecido por qualquer pessoa que tenha um aparelho de televisão em casa. Além disso, ele também é um homem de mais de 1,80 metro de altura. Uma combinação de características que o impedem de passar despercebido em qualquer lugar. Só pela sua figura, ele já atraía muita atenção para si no aeroporto. Mas Silvio ainda conseguiu transformar a cena em um episódio tragicômico, pois chegou gritando no aeroporto: "Gugu, está tudo certo com o Roberto, você não vai para a Globo, você fica no SBT!".

Dito e feito. Gugu permaneceu como apresentador no SBT por mais 21 felizes anos. Para ele, trabalhar tanto tempo ao lado de seu ídolo era uma realização. Assim como acontece para muitos que estão ao lado desse homem que revolucionou a televisão brasileira.

SBT É REINVENÇÃO

Silvio realizou sua vontade de comandar uma emissora popular, voltada aos interesses da maior parte dos telespectadores. Apesar dessa estratégia ter um bom retorno em termos de audiência, em alguns momentos, a receita publicitária não era assim tão grande. Obviamente, as marcas que anunciam na televisão aberta querem estar onde grande parte da população está para ter o maior retorno possível. Mas há outras questões envolvidas nas estratégias de propaganda.

A década de 1980 foi o período em que a Rede Globo se consolidou como a emissora líder de audiência no país. Essa consolidação foi um reflexo direto da forte atuação que a emissora teve nos anos 1970, estabelecendo o seu "padrão Globo de qualidade". Um dos grandes trunfos da Globo foi o estabelecimento de uma grade noturna semanal com a intercalação entre jornais e novelas, categoria em que a emissora sempre foi muito reconhecida pela qualidade.

Dois nomes importantes na solidificação da Globo enquanto referência de mercado foram Walter Clark e José Bonifácio de

Oliveira Sobrinho, o Boni, que Silvio quase levou para trabalhar no SBT. Os dois construíram muito do que a emissora é até hoje.

Boni entrou na Rede Globo quase no nascimento da emissora, em 1967. No início, trabalhava até mesmo sem receber, apenas apostando no negócio. Ao lado de Clark, ele traçou o plano ambicioso de montar uma grade de programação atrativa e ainda fazer com que a Globo estivesse entre as maiores do país em cinco anos – objetivo que ele diz ter sido atingido em apenas três. Para Boni, o "padrão Globo de qualidade" não se refere apenas a questões técnicas, mas também a um viés artístico. Ao contrário do SBT de Silvio, a emissora queria dar um ar mais "refinado" para sua programação.

A década de 1980 foi um momento particularmente bom para a emissora. Afinal, estava em operação desde 1965 e, ao contrário de antigas emissoras brasileiras (como a TV Tupi e a Excelsior), não enfrentava uma crise financeira. As únicas pedras no sapato da Globo eram o SBT e a TV Manchete. E Silvio queria muito ficar no caminho da Globo. Aos poucos, ele quis ganhar mais credibilidade como emissora, até mesmo para atrair possíveis patrocinadores. Para isso, era preciso investir na grade de programação. Mas Silvio não desejava ser uma cópia da concorrente.

As mudanças começaram a partir de 1987, enquadrando-se nesse cenário o caso do jornalista Boris Casoy, anteriormente citado. Essa leve alteração de rota por parte da emissora aconteceu por meio da contratação de novas estrelas, que ainda se tornariam sinônimo de SBT. Para além da questão da nova estratégia, Silvio decidiu incorporar à sua grade um programa que para ele era muito representativo, com um criador tão notório quanto: *A Praça da Alegria* ou, como passaria a ser chamado, *A Praça é Nossa*. Interessado em trazer para a sua casa o programa marcante da televisão brasileira, Silvio decidiu chamar o filho de seu falecido amigo Manoel de Nóbrega, Carlos Alberto de Nóbrega, para recriar o mesmo formato no SBT. O programa faz sucesso desde então na emissora.

Um momento emocionante da história do programa foi protagonizado por Carlos Alberto e Silvio. Silvio invadiu a estreia do *A Praça é Nossa*, em 7 de maio de 1987, sentou-se no emblemático banco da praça e começou um emocionante discurso, lembrando principalmente do seu falecido amigo Manoel. Com a voz embargada, ele disse ao filho do amigo:

> "Você hoje está sentado nesse banco, Carlos, e, se não fosse ele, nós não teríamos esse banco nem essa televisão. Você está no banco e você não veio só como redator [...]. Você veio como meu irmão, você veio como meu amigo, uma pessoa que vai me ajudar a fazer aquilo que seu pai gostaria de fazer comigo. Você veio para cá para me ajudar."

Impossível não se emocionar e Carlos Alberto vai às lágrimas. Quando Silvio termina sua fala, entram imagens do próprio Manoel em seu eterno banco da praça, rindo e se divertindo como fazia em todas as apresentações do programa, que em maio de 2017 completou trinta anos de SBT, já há décadas sob o comando de Carlos Alberto. Silvio entregou, em comemoração ao marco, uma homenagem ao comediante, que relembrou com carinho da estreia do programa com a presença do "patrão". Dessa vez, quem aproveitou para demonstrar os sentimentos foi Carlos Alberto:

> "Eu só tenho que agradecer de coração a você, porque quando eu vim para cá, no meu primeiro programa, foi talvez o dia mais importante da minha vida de artista. Porque você fez uma declaração de amor ao amigo, e tudo aquilo que você falou, você cumpriu até hoje. Se a *Praça* hoje tem trinta anos é porque você acreditou em mim, nos momentos difíceis você confiou em mim e se não fosse a liberdade que eu tenho de trabalho, a total liberdade, a *Praça* não teria trinta anos."

Outra grande aposta do SBT para trazer mais credibilidade à sua programação foi o apresentador Jô Soares, que estreou seu primeiro programa humorístico, o *Viva o Gordo*, na Rede Globo de Televisão. O programa ironizava aspectos políticos e socioculturais do país, abordando temas que estavam em pauta com humor. Ele estreou no SBT com o programa *Jô Soares Onze e Meia*, contratação que foi comemorada por Silvio no ar, interrompendo até a programação usual. Na época, com a proposta irrecusável feita, Jô tornava-se o profissional com o maior salário da televisão brasileira. Após alguns embates públicos entre Silvio e Roberto Marinho a respeito do destino de Jô, o apresentador dava o seu primeiro passo na emissora no dia 17 de agosto de 1988. Ele havia decidido mudar de casa, pois conseguira algo muito almejado de sua parte, que era um programa de entrevistas. O sucesso do programa aconteceu por conta da qualidade do entrevistador somada à qualidade do entrevistado, que culminava em um resultado irreverente e com ótimo conteúdo. Tudo isso com o famoso bordão "beijo do gordo" ao final da atração.

Jô Soares mostra-se agradecido a Silvio Santos até hoje pela confiança depositada em sua trajetória profissional. Nesse sentido, um momento marcante que chegou a ser televisionado foi o reencontro das duas personalidades, anos depois de terem trabalhado juntos. Nessa ocasião, Jô teceu elogios ao amigo:

> "Agradeci a você [...] porque você é o responsável por grande parte da minha vida profissional; sem você isso não teria acontecido, e você tem uma intuição de fera. Tudo o que você me disse deu certo, e eu espero que continue sendo assim. [...] Você é um dos meus amigos reais, porque às vezes, o tempo afasta as pessoas, mas nunca afasta as verdadeiras amizades. [...] Eu me lembro que cê fez um programa de despedida me homenageando, me pegou de surpresa, [...] e na saída, enquanto corria crédito ainda, microfone ligado, cê falou pra mim: 'Olha, se não der certo, as portas aqui tão abertas. Mas

vai dar certo. Vou sentir muitas saudades.' E eu respondi: 'Não mais do que eu', e falei brincando: 'Por que você também não volta comigo?'. Você falou: 'Até que não é má ideia'. No ar!"

Voltando a falar de Gugu, o famoso *Viva a Noite* esteve ao longo de dez anos no ar e apresentou quadros que se tornariam inesquecíveis. "Sonho Maluco", "Sonho de Última Hora", "Rambo Brasileiro", "Face Oculta", "Eles e Elas", "Torre de Taças", "Banheira do Gugu" e "Cabine Milionária" fizeram muito sucesso com o público. As apresentações musicais também eram um destaque à parte. Incluíam, além de renomados artistas da música, canções interpretadas pelo próprio Gugu como "Meu pintinho amarelinho" e "Baile dos passarinhos". Tendo encerrado o programa, Gugu passou a apresentar o *Domingo Legal* em 1993, migrando vários quadros do programa anterior para a nova atração, como foi o caso da "Banheira do Gugu". Por fim, o apresentador ficou até 2009 na emissora, completando 38 anos no ar.

Outro sucesso estrondoso do SBT foi Mara Maravilha, apresentadora infantil revelada por Silvio Santos que brilhou no SBT de 1987 até 1994 e recentemente retornou ao canal. Impressionado com seu talento, Silvio convidou a jovem moça baiana de apenas 15 anos a se mudar para São Paulo – desde que terminasse o ano letivo em seu Estado. Mara se lembra com gratidão da generosidade e cuidado que Silvio sempre teve com ela e a mãe, dona Marileide, desde que chegaram à cidade. Marileide, que tinha diabetes, recebeu todo o auxílio do patrão da filha.

Silvio sempre se atentou para que nada faltasse às duas, tendo Mara praticamente como uma filha. O apresentador deve ter se reconhecido em Mara: uma jovem carismática, versátil e talentosa, que em pouco tempo se transformaria em uma grande estrela do SBT. O nome artístico de Mara, inclusive, foi dado por ele.

O programa *Show Maravilha* estreou em abril de 1987 e foi uma decisão acertada. Silvio dizia para a Mara: "A Xuxa é o arroz, você é o feijão. E o feijão é o melhor!". Em pouco tempo, o programa caiu nas graças do público e Mara Maravilha disparou nas vendas de discos e na audiência. A jovem estrela havia se transformado em um fenômeno, assim como suas "concorrentes" Xuxa e Angélica.

Com seu vasto conhecimento sobre televisão, Silvio estava sempre atento ao que acontecia no programa, e assim dava dicas para Mara sempre que percebia algo que poderia melhorar. Quando sentia necessidade, ele se aproximava para comentar uma brincadeira que podia ser aprimorada, um detalhe do cenário ou mesmo da postura da apresentadora. Para Mara, estar ao lado de Silvio era realizar uma pós-graduação das mais qualificadas sobre o mundo da TV.

A relação que a apresentadora estabeleceu com Silvio durante seu tempo de SBT se estendeu até quando ela estava afastada das telinhas em virtude do seu foco na religião. Nessa época, ela só aparecia quando era chamada por ele. Em uma dessas situações, a generosidade que Silvio demonstrou ficou realmente marcada na vida da apresentadora. Mara foi a primeira convidada do programa *Nada Além da Verdade*, exibido entre 2008 e 2010 no SBT.

O formato do programa era de um *gameshow*, no qual o participante devia acertar todas as perguntas para ganhar o prêmio máximo de R$ 100 mil. Mara, já na metade do jogo e garantindo R$ 50 mil de prêmio, acabou errando uma das perguntas, o que fez com que perdesse boa parte do dinheiro. Silvio disse a ela no ar que, infelizmente, ela havia perdido. A participante, feliz apenas por estar ao lado do apresentador, respondeu que só de ter visto Silvio já havia sido premiada. Para Mara, a competição se encerrava ali, mas Silvio ainda queria reverter o cenário. Quando a gravação terminou, Mara conta que foi chamada no camarim e recebeu uma notícia que a deixou muito grata: "Foi uma das poucas vezes que eu entrei no camarim do Silvio. Ele falou: 'Mara, não vai para o ar, mas eu vou dar os R$ 100 mil para você'. Esse é o Silvio".

O sonho de Mara sempre foi retornar à sua verdadeira casa: o SBT. Assim, mais uma vez, Silvio quis resgatar seu talento e trazê-la de volta para a emissora. E foi em setembro de 2016 que ela reestreou. Dessa vez, na atração chamada atualmente de *Fofocalizando*, ao lado de Leão Lobo, Mamma Bruschetta e Décio Piccinini. O sofá utilizado na atração, inclusive, é o famoso (e mitológico) sofá branco da Hebe.

Falar do SBT sem falar de Hebe é imperdoável. Também nessa leva, a já veterana artista e apresentadora marcaria época na emissora. A Rainha da Televisão Brasileira, assim como Silvio, possuía um carisma ímpar junto ao público, que sentia no seu famoso sofá uma extensão da própria casa. Foram muitos os momentos emocionantes que os dois amigos e colegas de profissão, Hebe e Silvio, compartilharam. Juntos, eles revolucionaram a televisão brasileira.

A RAINHA DA TELEVISÃO BRASILEIRA

É impossível falar do SBT sem citar Hebe Camargo. A apresentadora nasceu Hebe em homenagem à deusa homônima da mitologia grega que representa a eterna juventude. Eternizada como "Rainha da Televisão", passou a maior parte de sua carreira no SBT, tornando-se quase um sinônimo da emissora. Ela nasceu em 8 de março de 1929, em Taubaté, sendo a nona filha do casal Sigesfredo (seu Fêgo) e Esther.

Com a mãe, Hebe não tinha uma relação de muita intimidade, o que era justamente o inverso de sua relação com o pai, de quem recebia muito carinho e com quem compartilhava uma paixão: a música. Para falar a verdade, toda a família tinha interesse pela música, mas assim como Hebe um dia viria a ser cantora, seu Fêgo também tinha a música como profissão. Ainda em Taubaté, era maestro e violinista da banda que executava a trilha sonora dos filmes em um cinema no centro da cidade. Quando a inovação do cinema falado estreou, entretanto, não fazia mais sentido ter uma banda para executar a trilha. Assim conta Artur Xexéo em *Hebe: A biografia*: "Do dia para a noite, Fêgo perdeu o emprego. Referindo-se a 1929, ele costumava dizer que naquele ano, entre São Paulo e Rio, milhares de músicos ficaram a pão e laranja".[14]

Enfrentando dificuldades para encontrar uma forma de sustentar a família em Taubaté, seu Fêgo levou todos para São Paulo, onde acabou sendo contratado como membro da orquestra da Rádio Difusora. Percebendo a dificuldade que sua família enfrentava, Hebe decidiu arrumar um emprego aos 12 anos, assumindo sua primeira ocupação como arrumadeira na casa de uma família. Logo em seguida, demonstrando talento para a música, começou a participar dos concursos de calouros no rádio. Assim como acontecia com Silvio Santos nos concursos para locutores de rádio, Hebe vencia todos os títulos ao interpretar canções e, por isso, passou a focar exclusivamente nessa área profissional, desistindo do emprego de arrumadeira, visto que já conseguia ganhar mais dinheiro com os concursos.

Foram dois anos de competições, até que finalmente a Rádio Difusora percebeu que seu talento ia além de caloura, contratando-a em 1944 como profissional. Essa seria apenas uma das facetas de Hebe como artista. Trabalhando na rádio, apresentava-se inicialmente em um quarteto (com a irmã e as primas), depois como parte de uma dupla sertaneja com a irmã Stella (Rosalinda e Florisbela) para, finalmente, iniciar a carreira solo que lhe valeu o título de "Estrelinha do Samba" e depois "Estrela de São Paulo". Em 1946, Hebe foi contratada pela gravadora Odeon, onde viria a gravar seu primeiro disco em 1947, em que cantava dois sambas. O disco de 78 rotações só possuía um samba no lado A, "Oh! José", e um no lado B, intitulado "Quem foi que disse". O lançamento só aconteceu anos depois, em 1950.

A história como Rainha da Televisão começa justamente na chegada da TV ao Brasil: assim como diversos artistas dos Diários Associados, a futura apresentadora foi até o porto de Santos participar do momento histórico em que seriam recebidos em solo brasileiro os equipamentos necessários para o funcionamento da televisão no país. Nesse dia, Hebe mal podia imaginar o quanto o momento representaria para ela e para futuros telespectadores de todo o país. Em setembro de 1955, poucos anos depois da primeira transmissão da televisão brasileira, Hebe também daria seus primeiros passos como apresentadora: na TV Paulista passou a apresentar *O Mundo é das Mulheres*, o primeiro programa feminino da história da televisão nacional. Dirigido por Walter Forster, diretor e autor da primeira telenovela da história brasileira, *Sua Vida me Pertence*, o programa tinha um formato em que quatro ou cinco mulheres conduziam uma entrevista com um homem, com o questionamento clássico para o convidado: o mundo é das mulheres?

Até então, a famosa loira da televisão brasileira era morena. Seria após uma viagem ao exterior, junto com o então companheiro Luís Ramos, que ela retornou loira. Na realidade, não deixara apenas os cabelos pretos para trás na viagem, mas também o próprio relacionamento com o dono da Rádio Excelsior.

Aos poucos, Hebe foi ganhando destaque na televisão, chegando a apresentar diversas atrações simultaneamente. Com a carreira cada vez mais estabelecida, havia um porém para a felicidade plena da estrela se realizar: casar-se e ter filhos, a ponto de a apresentadora estar disposta até mesmo a abandonar a carreira para ter seu sonho realizado. Quando finalmente encontrou o homem ideal e realizou o sonho de se casar, em julho de 1964, Hebe decidiu largar a profissão em prol da família. Ao lado do empresário Décio Capuano, satisfez também seu segundo grande desejo após o casamento: teve seu primeiro e único filho, o Marcello, em julho de 1965.

Mas Hebe era muito querida por seus fãs para simplesmente desistir da carreira, e todos esperavam mais da Rainha. Então, pouco tempo depois, Hebe voltaria à carreira artística, começando a apresentar um programa na Rádio Excelsior direto de sua casa. Dessa forma, ela conseguia estar perto de seu filho e ainda atender aos apelos do público. Além do desejo dos fãs, entretanto, havia a questão financeira do marido, já que seus negócios não iam muito bem.

Em 1966, na Record, Hebe se consagrou como sucesso de audiência, além de tornar-se reconhecida pela sua marca registrada: o sofá. O programa *Hebe*, como chamava, recebeu o cantor Roberto Carlos na sua noite de estreia, algo que já era um presságio do fenômeno que viria a ser. Mais uma vez, em 1973, a apresentadora decidiu abrir mão de sua carreira profissional para estar mais próxima do filho. Afinal, sendo a estrela de televisão que era, não era fácil acompanhar a rotina e se fazer presente na vida de

Marcello. Após um hiato de anos, a apresentadora retornaria em 1981 às telinhas, na TV Bandeirantes.

Assim como seus programas anteriores, essa atração na TV Bandeirantes também foi um retumbante sucesso. Ainda assim, após quatro anos no ar, a emissora decidiu encerrar a atração. Para Hebe, entretanto, a vida de estrela da televisão brasileira continuaria: em 1985 o SBT a convidaria para fazer parte da emissora. Como Rainha da Televisão Brasileira, ela representava um nome estratégico para a busca da emissora de Silvio por maior credibilidade e, consequentemente, faturamento. Os dois, que se conheciam desde a época em que Silvio trabalhava na Rádio Nacional, em São Paulo, agora teriam seus caminhos profissionais interligados.

Em 4 de março de 1986, ela estreou o programa *Hebe*. Além desse, apresentou o programa *Hebe por Elas*, que lembrava um pouco sua estreia na televisão com *O Mundo é das Mulheres*. O programa *Hebe* eternizou o famoso sofá da apresentadora, no qual diversas personalidades brasileiras eram entrevistadas. De Pelé a Xuxa, Erasmo Carlos a Zezé Di Camargo & Luciano: quem tinha a honra de estar diante da cativante e irreverente apresentadora sabia que tinha um momento marcado na história da televisão. Qualquer artista sentia-se emocionado por estar ao lado de uma figura tão alegre e única, e esse quesito foi um fator deveras motivador para Silvio levá-la para o SBT.

Aliás, o primeiro selinho da Hebe na verdade não foi de iniciativa da própria, mas da cantora Rita Lee, em 1997. Durante entrevista em seu programa, Rita Lee inadvertidamente lhe roubou um beijo. Em entrevista ao UOL, Rita disse: "Hebe estava tão rainha, tão rainha que minha boba da corte tacou-lhe um beijo na boca". Na hora, sem esperar por aquela situação na frente de tantas câmeras, a apresentadora ficou assustada. Mas, após ficar sem reação, aproveitou para fazer uma brincadeira, dizendo: "Você sabe que meu namoro com o Lélio começou assim, ele me deu um beijo e eu gostei".

Hebe se referia ao seu companheiro de quase três décadas, o empresário Lélio Ravagnani. A própria Rita Lee disse que se sentiu tão à vontade com a apresentadora que não conteve seu ímpeto de beijá-la, afinal, no sofá da Hebe sentia-se em casa, como se estivesse de pijama. Desde esse dia inusitado da televisão brasileira, o selinho da Hebe virou marca registrada da apresentadora.

O SBT utilizou muito da sua "hebice", como diria Walter Forster, para entrar na alma dos entrevistados e conseguir as melhores respostas para ela e para o público. Mesmo Silvio Santos, que não gosta de conceder entrevistas, não resistia ao jeito cativante de Hebe. No final da década de 1980, Hebe utilizaria seu talento para arrancar uma resposta emocionada, ainda que serena, de Silvio. Na ocasião, Hebe perguntou se ele não teria feito o anúncio de um suposto câncer de garganta (fato que apavorou o Brasil) apenas para aparecer, já que ele parecia tão bem em sua presença. Silvio respondeu à pergunta de maneira honesta, falando até mesmo sobre questões pessoais do passado:

> “Quando eu me lembro da minha mulher que morreu e quando eu me lembro que eu dizia que era solteiro, quando eu me lembro que eu escondia as minhas filhas para poder ser o galã, para poder ser o herói, quando eu falo com a minha consciência, eu acho que é uma das coisas imperdoáveis que eu fiz diante da minha imaturidade. [...] E hoje eu vejo as besteiras que fiz e quando eu vejo alguém fazendo o mesmo que eu fazia, eu olho e digo: “Meu Deus do céu, como esse homem é infeliz.” Quando eu corri atrás de mulheres como muitos colegas meus correm, cada dia uma, eu estava à procura de alguma coisa e não sabia o quê. Depois que eu encontrei a minha segunda mulher, não vão acreditar, mas eu me satisfaço com ela, me encontrei e encontrei a minha felicidade. Então não iria fazer propaganda, porque realmente não preciso mais fazer propaganda.”

Hebe ficou no ar no SBT durante quase 25 anos, sendo que seu último programa na emissora foi transmitido em dezembro de 2010. Em seguida, assinou contrato com a Rede TV, onde estreou em março de 2011. Durante o período na nova emissora, Hebe descobriu um câncer no peritônio, doença que lhe rendeu diversas internações. É impressionante como mesmo nesse período ela não perdeu sua marca registrada, a alegria, chegando a declarar que mesmo que morresse em pouco tempo, morreria feliz.

Em 29 de setembro de 2012, o Brasil ficou de luto, pois uma de suas maiores estrelas morria após sofrer uma parada cardíaca. Essa triste notícia chegou após a confirmação de que Hebe retornaria ao SBT. O enterro de Hebe, marcado por comoção e presença de milhares de fãs e personalidades, foi um evento que parou o país. Silvio, seu amigo e patrão de décadas, esteve presente nesse triste momento e se mostrou muito emocionado. Ao lado do caixão de Hebe, acompanhado de Iris Abravanel, pareceu falar com a apresentadora e não deixou de dar seu adeus, com um último selinho.

UMA QUESTÃO DE SAÚDE

Silvio quase nunca falta aos seus programas. Religiosamente, entra no ar todos os domingos pelo SBT, entretendo seus telespectadores durante horas. Quando sai de férias para relaxar um pouco e curtir um tempo com a família, geralmente deixa adiantadas as gravações do *Programa Silvio Santos* – para ele, o compromisso com o telespectador é algo sagrado e que exige muita responsabilidade.

Em 1987, entretanto, o apresentador teve que se ausentar por semanas de seu programa. E o motivo, infelizmente, não foi o descanso ou diversão ao lado da família. Pelo contrário: ele foi obrigado a se afastar da televisão devido a questões de saúde. Já havia algum tempo, Silvio vinha sofrendo de um problema nas cordas vocais que causava rouquidão. O incômodo, que antes era contornável, foi se agravando e passou a preocupar seriamente o apresentador. Diante desse cenário, os médicos pediam que ele poupasse a voz, para evitar a evolução do quadro. A solicitação dos especialistas era totalmente compreensível, mas como o homem que vivia de sua voz poderia atender à recomendação? Como ele iria continuar apresentando o programa que dependia justamente da sua fala?

Antes desse episódio, Silvio enfrentou outra questão de saúde. Com a experiência vivida ao lado de Cidinha, ele pôde perceber que a vida é muito delicada e que nem sempre a superação está somente em nossas mãos.

Um aviso importante que sempre era dado aos convidados de seus programas era sobre a alergia a perfumes que o acometia. Por isso, aqueles que fossem participar de uma gravação ao seu lado jamais poderiam estar perfumados, para evitar a ocorrência de reações alérgicas. Com o tempo, a alergia que era simples passou a incomodar bastante. Algo trivial como estar ao lado de alguém perfumado se transformou em um pesadelo para Silvio. A alergia acabou desencadeando a formação de edemas em diversas partes do corpo, principalmente no nariz, na língua e nas cordas vocais. Silvio se consultou com vários especialistas do país, mas ninguém era capaz de resolver o problema e aliviar os sintomas.

Foram muitas tentativas de tratamento para estabilizar a alergia. Farto daquele incômodo, Silvio resolveu buscar os melhores tratamentos que poderia receber na época. Durante as viagens que fazia ao redor do mundo, procurava diversas formas de terapia para a condição que o aborrecia cada vez mais. A exemplo da luta contra o câncer junto à primeira esposa, decidiu ir aos Estados Unidos para se tratar com especialistas renomados.

Finalmente, ele conseguiu aliviar suas crises alérgicas constantes por meio da aplicação de vacinas. Ironicamente, viria a construir nos anos 2000 uma empresa de cosméticos que teria perfumes em sua linha de produtos – mas, claro, hipoalergênicos!

Mas essa questão de saúde foi mais tranquila comparando com o que ele enfrentaria em 1987. Houve até mesmo a suspeita de que Silvio estivesse com um câncer na garganta, o que levava à pior hipótese: a aposentadoria forçada do maior apresentador do país. Mais uma vez, Silvio foi aos Estados Unidos em busca de um tratamento para se curar o mais rápido possível, e recebendo cuidados intensivos em solo americano, não havia outra opção a não ser ficar quatro semanas longe de seu programa. Essa era a primeira vez em décadas que isso acontecia, deixando todos atônitos. Mesmo assim, ainda não havia certeza sobre a melhora de seu estado de saúde. Era possível que ele tivesse que reduzir significativamente seu ritmo de trabalho ou até mesmo abandonar sua profissão. Essa seria, sem dúvida, uma notícia aterradora para o Brasil.

Durante o tempo em que esteve fora do ar e que fez reinar a incerteza sobre o seu destino, o apresentador pôde sentir ainda mais o carinho do telespectador. Foram diversas as manifestações de pessoas de todo o país preocupadas com sua saúde. Nesse período, em janeiro de 1988, ele ficou impressionado com o apoio que recebeu, mas também se surpreendeu ao constatar seu impacto no sucesso da emissora. Nas quatro semanas em que seu programa não foi ao ar, o SBT sofreu o baque da redução drástica de audiência, prejudicando consideravelmente seus resultados.

Felizmente, após concluir o tratamento com sucesso, Silvio voltou à sua posição de apresentador e presença obrigatória nos domingos brasileiros. O período que passou recebendo medicação deixou apenas algumas marcas em sua aparência, que eram perceptíveis pela redução de peso e respiração debilitada. Mas logo ele estaria completamente recuperado.

Ao fim do processo, Silvio se deu conta de dois fatos impactantes: o imenso carinho que o público lhe dedicava, permanecendo fiel em um momento tão difícil, e a situação crítica do seu país, percebida pelo contraste entre a qualidade de vida dos americanos e a dos brasileiros. Quando retornou ao seu programa, ainda com a voz rouca, Silvio fez questão de falar sobre o estereótipo de indolência atribuído aos brasileiros. Entre diversas reflexões nessa série de entrevistas em seu próprio programa, ele expôs sua opinião com as emoções à flor da pele. Em uma fala de minutos, Silvio argumentou:

> "O americano trabalha duro. Uma das palavras que os americanos aprendem na escola é trabalho duro, *work, work*. Mas ele tem casa, ele tem comida, ele tem hospital, ele tem remédio, ele tem educação para os filhos. Dizem que o brasileiro é indolente. Indolente por quê? Porque ele também trabalha duro, mas ele não tem comida, ele não tem casa, ele não tem hospital, ele não tem remédio e ele não tem educação para os filhos. Então, pra quê trabalhar? Ele é indolente, ou será, traduzindo o que a Silvinha [Abravanel] disse, ele não ganha pra comer, não ganha pra morar, não ganha pra pagar hospital, não ganha pra comprar remédio e não ganha pra educar os filhos?"

Nessa série de perguntas feitas por membros do SBT, telespectadores e seus colegas, o apresentador falou aberta e honestamente sobre suas opiniões e situações que passou ao longo da vida. Parecia que o momento de dificuldade realmente havia trazido à tona novas ideias e reflexões. Nessa ocasião, inclusive, aconteceu a pergunta franca de Hebe sobre o alarde que havia feito pela doença, pergunta que, conforme já dito, o levou à ponderação e sinceridade sobre sua relação com Cidinha.

Incapaz de adiar sua cirurgia em decorrência do problema na garganta, Silvio teve que realizá-la em janeiro de 1989, em São Paulo. Instalou-se novamente a apreensão sobre o destino do apresentador após o procedimento. Para ele, havia duas possibilidades: ou voltaria a ser animador, ou tentaria ser eleito presidente da República. A possibilidade de comandar o país representava uma novidade para ele. E por que não? Em sua cabeça, já que devia tanto ao povo brasileiro e tinha certeza de que iria se dedicar, a ideia de concorrer ao cargo político mais importante do país não era tão distante – ainda que não tivesse nenhuma experiência na área.

ASPIRAÇÕES POLÍTICAS

Silvio Santos é uma das raras unanimidades no Brasil. Ele é inquestionavelmente o maior apresentador brasileiro de todos os tempos, e realmente poderia ter sido presidente da nação por duas razões: por quase ter se candidatado à presidência em 1989 (ano em que Fernando Collor foi eleito) e, mais importante, pelo impressionante índice de intenção de votos por parte dos eleitores naquele momento. Para muitos, Silvio não precisava nem se candidatar, já era o presidente do país.

Na época, a euforia tomava conta da população brasileira, pois era vivenciada a primeira eleição presidencial direta desde 1960, última votação antes do mergulho em décadas de ditadura. Pela primeira vez em muito tempo, o país respirava ares democráticos onde antes só existia a repressão. Para construir a nação brasileira do futuro, era preciso uma figura de grande visão. O apresentador, devido à extrema popularidade, era muito procurado por partidos para candidatar-se a cargos políticos. Silvio seria um pote de ouro para as organizações partidárias, pois sua presença nos lares brasileiros todos os domingos conquistava mais simpatia do público do que qualquer político.

No início das abordagens, ele hesitava, pois achava que não deveria entrar nessa seara. No entanto, começou a se interessar, "flertando" com a candidatura a prefeito da cidade de São Paulo em 1988, mas não houve continuidade. O próprio apresentador acabou desistindo. Entretanto, seu relacionamento com a política não pararia por aí.

Em 1989, os ânimos ficaram ainda mais acirrados com o Brasil voltando à democracia. Logo, os partidos não perderam tempo para ir atrás de Silvio, e ele quase foi candidato pelo Partido da Frente Liberal (PFL). Um racha no partido acabou impactando a candidatura do apresentador e, além disso, diante da indecisão de Silvio, o então candidato do partido, Aureliano Chaves, impediu de vez a possibilidade, já que se recusava a renunciar. Para Silvio, entretanto, a ideia já estava plantada e ele queria ir até o fim.

Em torno de vinte dias antes da eleição, o apresentador oficializou sua candidatura no Partido Municipalista Brasileiro (PMB), que deveria substituir a de Armando Corrêa. O PMB inclusive já contava com o número do partido (26) e o nome do ex-candidato na cédula de votação, algo que deixou a situação um tanto quanto cômica. Devido à confusão, a campanha política de Silvio teve que esclarecer que era preciso marcar "26 Corrêa" na cédula para votar no apresentador. O estranhamento da situação, entretanto, nem passava pela cabeça do eleitor, somente o anúncio de Silvio sobre sua candidatura pelo PMB acabou resultando em 29% das intenções de voto – número que o deixava muito próximo da disputa do segundo turno com o candidato que liderava as pesquisas, Fernando Collor.

Quem mais além de Silvio Santos seria capaz de disparar nas pesquisas anunciando que concorreria ao cargo de presidente do país, mesmo sem nunca ter exercido um cargo público? A razão era a conexão profunda dos brasileiros que assistiam (e ainda assistem) ao programa do apresentador religiosamente aos domingos. Esses mesmos brasileiros também sabiam que, quando o apresentador prometia resolver as questões de habitação, saúde e educação, não falava da boca para fora como outros políticos – o povo confiava muito mais em suas intenções.

Silvio nunca cansou de dizer que o povo brasileiro havia feito muito por ele e, por isso, precisava retribuir de alguma forma. E quem assistia à sua campanha relâmpago e o acompanhava sentia que ele não estava simplesmente proferindo palavras ao vento. O povo já estava calejado de ouvir mentiras da boca dos políticos e, para eles, Silvio era diferente. Por isso, todos ficavam esperançosos e animados quando ouviam o jingle da campanha no horário político: "É o 26, é o 26, com Silvio Santos chegou a nossa vez". Para estreitar ainda mais a conexão com o público, a melodia era a mesma do tema de abertura do *Programa Silvio Santos*, o célebre "Silvio Santos vem aí".

Como a candidatura de Silvio havia sido decidida em cima da hora, o apresentador também teve que correr para preparar toda a propaganda do horário eleitoral gratuito. Em poucas horas, entretanto, o então presidenciável gravou os programas do horário eleitoral do primeiro turno nos próprios estúdios do SBT.

Não eram somente os políticos que temiam a popularidade de Silvio e suas chances de vencer a eleição, pois havia muito mais em jogo. O jornalista Roberto Marinho também não via com bons olhos essa possibilidade, afinal, Silvio era o dono da maior concorrente de sua emissora e podia se tornar o decisor final da concessão dos canais de televisão brasileiros. Segundo relato de Arlindo Silva, esse desconforto chegou até mesmo a gerar um conflito com o então presidente do Brasil, José Sarney. Afinal, era o dono da Rede Globo de Televisão que estava aflito com a possibilidade. Para ele, Sarney havia auxiliado Silvio em sua pretensão de candidatura.

Tão rápido quanto as esperanças chegaram, elas também se foram. O sonho dos brasileiros de ver o seu querido e carismático apresentador como presidente e comprovar seu poder de salvá-los tornou-se apenas uma frustração. Faltando apenas uma semana para as eleições, o Tribunal Superior Eleitoral (TSE) cassou a candidatura de Silvio e do partido, alegando que ela não era válida porque as nove convenções estaduais necessárias para referendar seu nome não haviam sido realizadas. A ideia de Silvio Santos presidente foi barrada nesse momento.

É difícil saber se Silvio realmente teria encarnado o messias do país. A julgar pela complexidade e pela situação do sistema político brasileiro, era muito improvável que a profecia se cumprisse. Talvez, até pelo próprio bem do apresentador e de sua reputação, o destino tenha se incumbido de impedir que ele participasse de algo tão complexo (e muitas vezes obscuro) como o cenário político brasileiro. Mas o fato é que ninguém mais tem a popularidade e o carinho do Brasil há décadas e mais décadas ininterruptas. Nenhuma figura pública chegaria perto da quase unanimidade do apresentador e decididamente não haveria outro personagem para gerar o "efeito Silvio" em eleições presidenciáveis.

Já que Silvio não estava mais no páreo, as eleições seriam disputadas por nomes já conhecidos na política brasileira, como Fernando Collor de Mello, Luiz Inácio Lula da Silva, Leonel Brizola, Mário Covas, Paulo Maluf e Ulysses Guimarães. O primeiro turno foi decidido e com ele a necessidade de um segundo: Fernando Collor ficou com 28% do total dos votos, enquanto Luiz Inácio ficou em segundo lugar com 16,08% do total. O Brasil teria que esperar mais um pouco para conhecer seu próximo presidente.

Próximo ao segundo turno, a Rede Globo de Televisão promoveu um debate entre os dois candidatos à presidência da República. O resultado foi decisivo para a escolha do voto dos eleitores em relação ao segundo turno da votação. De acordo com especialistas da época, a própria edição do debate por parte da Rede Globo foi favorável ao candidato Fernando Collor de Mello, que, posteriormente, acabou sendo eleito com mais de 35 milhões de votos.

No entanto, o mandato do primeiro presidente do Brasil democraticamente eleito após a Ditadura Militar não viria a durar muito. Após três anos de sua eleição, em dezembro de 1992, Collor renunciaria ao cargo de presidente, para evitar a cassação de seus direitos políticos. Os fatos que levaram à sua queda foram a equivocada política econômica implantada em seu governo e as diversas denúncias de corrupção que envolveram o seu mandato. Mais uma vez, os brasileiros acabaram frustrados diante da esperança depositada em um político.

Após o "flerte" com um cargo político importante no país, Silvio voltaria a cogitar novas tentativas de entrar na política. Devido à sua imensa popularidade e capacidade de atrair votos, foi sondado para ocupar o posto de governador de São Paulo. Apesar de ter realizado reuniões com o PST, ele desistiu da ideia, aconselhado pelos membros da diretoria do Grupo Silvio Santos. Os executivos estavam preocupados com a interferência da política nos negócios do grupo.

Mais uma vez, ainda em 1992 e novamente com o PFL, cogitou-se a candidatura de Silvio para prefeito de São Paulo. Como o partido já tinha seu candidato, o deputado Arnaldo Faria de Sá, houve um racha para decidir quem concorreria à prefeitura. A convenção que supostamente teria dado vitória a Silvio, na sede do Corinthians, acabou sendo anulada pelo TSE em virtude dos acontecimentos do evento. Mais uma vez, Silvio via sua tentativa de exercer uma função política frustrada.

Apesar das grandes chances que o apresentador teria em qualquer eleição, nada seguiu adiante. Parece que a profissão de político não é mesmo para Silvio Santos, ao contrário do cargo de animador e apresentador de programa. Por ora, a política fora aposentada da vida dele. Passada essa "febre", agora o foco retornava para as suas empresas, em especial o SBT. E a década de 1990 reservava importantes mudanças para a emissora.

NOVOS ARES NO SBT

Passada a "onda política" na vida de Silvio, suas atenções retornaram às empresas e ao crescimento do SBT. O sonho de dar casa, moradia e educação aos brasileiros já não estava mais em pauta, tendo em vista todas as tentativas frustradas para alcançá-lo.

Dez anos após a transmissão inaugural do SBT, durante a assinatura do contrato da concessão em Brasília, a emissora já havia superado suas fases de nascimento e infância. Agora o momento era de consolidação de sua atuação, bem como uma busca por conteúdos cada vez mais relevantes para o telespectador. Em 1990, a emissora teve uma média de 9,1 pontos de audiência, tornando-se a vice-líder isolada, que perdia apenas para a imbatível Rede Globo, com média de 25,3 pontos. Para o Brasil, entretanto, a época não era das mais fáceis.

Logo no início do mandato do primeiro presidente eleito após décadas de ditadura, uma notícia deixou os brasileiros perplexos: Fernando Collor de Mello anunciou um pacote com medidas econômicas radicais que envolviam, entre outras questões, o confisco dos depósitos bancários e até mesmo das poupanças. A fim de combater a inflação que atingia o índice de 80%, o novo presidente causou desespero geral na nação. Apesar da tentativa drástica, não houve queda da inflação. Ao contrário: a crise econômica do país continuou se agravando. Como a performance econômica impacta diretamente na popularidade do governante, Collor foi perdendo com rapidez sua simpatia com o povo brasileiro.

Para além da crise econômica, o governo começou a ser denunciado por corrupção: ministros, assessores e até mesmo a primeira-dama, Rosane Collor, foram alvos de suspeita de desvio de verba. Em maio de 1992 todo o escândalo de corrupção veio à tona através da denúncia do irmão de Collor, Pedro Collor, que revelou o esquema comandado por Paulo César Farias, o tesoureiro da campanha. Foi instalada então uma Comissão Parlamentar de Inquérito (CPI) para que as gravíssimas acusações fossem investigadas. Era um triste desfecho para o país que festejava seu retorno às vias democráticas.

Durante os meses em que as denúncias eram investigadas, o Brasil ficou paralisado, mas os "caras-pintadas", movimento estudantil que lutava pela saída do presidente, não cessava. A maior das passeatas do movimento reuniu cerca de 15 mil jovens no centro de São Paulo. Em 29 de setembro de 1992, o Congresso Nacional decidiu pelo impeachment de Fernando Collor. Para evitar sua cassação e a perda de direitos políticos, o presidente decidiu renunciar ao seu cargo em 30 de dezembro de 1992.

Assim como todo o país, o SBT também precisava encontrar alternativas para enfrentar a crise econômica do início da década de 1990. A intenção era continuar investindo em uma programação de qualidade que trouxesse mais retorno publicitário. Já em 1991, a emissora recebeu uma proposta de compra no valor de US$ 150 milhões. Questionado por sua diretoria, mais uma vez Silvio respondeu de maneira categórica: "Não quero vender. E não recebo ninguém que queira conversar sobre a venda por menos de US$ 300 milhões".

A década de 1990 trouxe diversos programas que integrariam o rol de clássicos da emissora. Em comemoração aos dez anos do SBT, uma nova grade de programação foi planejada e estruturada. Em agosto de 1991, estreou um dos programas que se tornaria uma verdadeira febre entre os telespectadores mais jovens: o *Programa Livre*, com Serginho Groisman. A atração passou a dominar as tardes do SBT durante dez anos.

Assim como Silvio Santos, Serginho também é de origem judaica e sua família sofreu com a perseguição durante a Segunda Guerra Mundial: uma das suas avós teve os pais e os irmãos mortos em um campo de concentração. Apesar de ter alimentado o sonho de ser cantor, formou-se em Jornalismo, uma escolha decisiva para a carreira de apresentador que traçaria ao longo de sua vida.

Serginho foi um dos "presentes" da emissora em comemoração aos seus dez anos. Não foram somente as entrevistas e a participação da plateia que fizeram a fama do programa, mas também alguns quadros que se destacaram. Um dos casos foi o "Beijo, abraço ou aperto de mão", em que alguns casais ficavam conversando durante todo o programa e, ao final, deveriam escolher uma dessas opções de interação.

O programa também foi povoado por convidados nacionais e internacionais de renome como Bon Jovi, Shakira e Ricky Martin. Apesar das grandes estrelas que passaram pela atração, um dos momentos mais marcantes para os telespectadores, e para o próprio apresentador, foi a edição do programa gravada no Presídio do Carandiru, em que os próprios detentos formaram a plateia.

Em 1999, Serginho trocaria o SBT pela Rede Globo, onde também passaria a apresentar um programa no mesmo formato, o *Altas Horas*. A atração permanece até hoje na grade da emissora.

Após a saída de Serginho do SBT, o programa passou a ser apresentado por outros profissionais, cada dia por alguém diferente: Ney Gonçalves Dias, Márcia Goldschmidt, Lu Barsoti, Christina Rocha e Otávio Mesquita. Novos apresentadores, entretanto, resultariam em uma "nova cara" para o programa.

Em 2000, o *Programa Livre* começou a ser apresentado por Babi Xavier. Após alterações no horário e no dia de transmissão do programa, ele teve seu fim em dezembro de 2001.

Outro programa que estreou na emissora ainda em 1991 foi o telejornal *Aqui Agora*. Apesar de sua reputação controversa devido aos traços sensacionalistas, serviu de inspiração para o molde de outras atrações, como é o caso do *Cidade Alerta*. O slogan do programa era "um jornal vibrante, uma arma do povo, que mostra na TV a vida como ela é!", e em sua equipe estavam repórteres renomados como Celso Russomanno, Christina

Rocha, Jacinto Figueira Júnior (conhecido como "o homem do sapato branco") e César Tralli, entre outros. O nome da atração era inspirado em um programa da extinta TV Tupi, que trazia reportagens populares e muitos conflitos. Quando a TV Tupi foi extinta, o programa também foi encerrado.

Famoso por exibir manchetes escandalosas, matérias com câmeras na mão que envolviam sequestros, tiroteios e muitas situações de violência, o programa focava em reportagens policiais e crimes que chocavam a sociedade – a própria definição de sensacionalismo. Pelo seu formato polêmico, foi considerado referência tanto positiva como negativa. Apesar disso, revelou nomes importantes do jornalismo brasileiro atual, como é o caso do próprio César Tralli.

O momento mais chocante do programa aconteceu em 1993, com o episódio anunciado como "O Pulo do Morte". Na ocasião, um dos repórteres da atração mostrou a todo o Brasil o drama de uma jovem que queria cometer suicídio. O programa chegou a mostrar a queda de oito andares da jovem, que faleceu. Após essa situação, a emissora enfrentou um processo judiciário, em que foi condenada a pagar R$ 100 mil de indenização aos familiares da moça que se suicidou.

Um nome inesquecível do programa é o do repórter Gil Gomes. O repórter, que havia iniciado no jornalismo ainda no rádio, chamava a atenção pela forma com que noticiava as reportagens: com uma voz marcante e trejeitos quase teatrais, dava ares ainda mais sombrios aos terríveis acontecimentos que eram apresentados. Apesar de criticado pelo seu sensacionalismo e ar popularesco, o programa trazia grandes índices de audiência para a emissora. Na cobertura do acidente de avião que matou o grupo Mamonas Assassinas em 1996, tragédia que chocou o país inteiro, foi registrado o maior pico de audiência.

Um dos diretores da atração, Albino Castro, concorda que o programa foi inovador, tanto sob um viés positivo quanto negativo. Ele comentou em entrevista para a *Folha de S.Paulo*: "Cometemos erros, exageros, achávamos que o sensacionalismo daria audiência. Mas acertamos ao encontrar uma linguagem popular na TV, que está hoje no *Fantástico*, está em todos os lugares". [15] Durante os anos em que esteve no ar, o telejornal também viria a cobrir importantes acontecimentos do Brasil e do mundo. A Olimpíada de Barcelona, o massacre do Carandiru, o impeachment do presidente Collor e o chocante assassinato de Daniella Perez (filha da autora de telenovelas Glória Perez) foram temas de matérias do programa.

Uma outra inovação da atração foi a exibição de conteúdos gravados e disponibilizados por cinegrafistas amadores – algo totalmente intrínseco à era da internet. Todo esse tipo de conteúdo violento exibido no programa também era enviado através de VHS por telespectadores que vivenciavam ou presenciavam tais situações extremas. Mas, não era somente a violência que tinha espaço no telejornal, pois até mesmo as fofocas de celebridades faziam parte da programação. Com o famoso bordão "vou destilar o meu veneno", Nelson Rubens comentava fatos sobre o cenário artístico. Leão Lobo também foi levado por Silvio ao programa para comentar os fuxicos e conta que a famosa gravata vermelha, que o marcaria para sempre na atração, foi um "toque" do próprio Silvio:

"Ele pediu que eu fizesse o programa de smoking. Eu até achei esquisito a princípio pois ia ao ar às 6 horas da tarde. Mas acatei e fiz o programa de smoking durante 6 meses. E então encontrei com ele nos corredores do camarim, e ele virou para mim e falou assim: 'Muito bom o que você está fazendo. Só tem uma coisa. Não usa mais as outras gravatas. Usa só a vermelha.'
Na hora eu achei estranho. Aí falei pra camareira: 'Olha, o Silvio falou pra não usar mais as outras gravatas, só a vermelha.' Imediatamente ela passou a mão em todas as outras, enrolou, botou num saquinho e guardou. E aquilo ficou na minha cabeça. Mas por que só a vermelha, né?
Hoje, anos depois que o *Aqui Agora* acabou, eu ainda passo na rua e as pessoas falam: 'Ai, eu lembro tanto de você no *Aqui Agora* com aquela gravatinha vermelha.' O Silvio tem uma visão que é especial. Por isso que eu falo que ele é mestre. Ele sabe dos detalhes, do toque."

Após anos de sucesso e polêmicas, o *Aqui Agora* saiu do ar em 1997. A emissora ainda tentou retornar com a atração em 2008, com assuntos menos sensacionalistas e incluindo até mesmo a responsabilidade social na pauta. O retorno, entretanto, não vingou; após estrear em março de 2008, o próprio Silvio Santos determinou que o programa deveria ter uma média de oito pontos de audiência. O índice não foi alcançado e, em pouco mais de um mês, foi retirado do ar novamente.

Outro foco de Silvio para o crescimento da emissora já naquela época foram as telenovelas. Interessado em reestruturar e ampliar o núcleo de teledramaturgia do SBT, contratou profissionais de peso da área para compor o setor: Silvio de Abreu, Rubens Ewald Filho e Nilton Travesso, que se tornaria diretor-geral. O desafio não era fácil, e Nilton tinha ciência disso, como disse em entrevista em agosto de 1996 no *Jornal do Brasil*:

> "Foi um dos mais violentos desafios que assumi na vida. A cobrança de todos os lados é grande. Ousamos abrir um espaço novo, criando estúdios e uma cidade cenográfica. Toda essa infraestrutura estava ausente em São Paulo há vinte anos, desde os tempos áureos da TV Tupi."

Éramos Seis, escrita por Silvio de Abreu, foi considerada uma das maiores produções em termos de novela no SBT. A trama, exibida de maio a dezembro de 1994, era baseada no romance homônimo da escritora brasileira Maria José Dupré. A novela foi um sucesso para as expectativas da própria emissora: enquanto a média esperada era de 10 pontos de audiência, chegou a atingir o dobro, conquistando 20 pontos. Em 1995, a novela ganhou o Troféu Imprensa na categoria de "Melhor Novela", sendo a única do SBT a ter conquistado esse título. A produção lançou artistas que hoje são reconhecidos no país inteiro: Ana Paula Arósio, Caio Blat e Otaviano Costa.

Após o fim de *Éramos Seis*, o SBT passou a exibir outra novela dirigida por Nilton Travesso: *As Pupilas do Senhor Reitor*. Também inspirada em um romance homônimo, foi exibida até julho de 1995 na grade da emissora. No elenco, constavam nomes de peso como Juca de Oliveira, Débora Bloch e Eduardo Moscovis. A escolha dos artistas renomados foi um dos fatores que cativou o público em relação à novela.

Com essa programação, o SBT buscava alcançar não somente altos índices de audiência, como também a credibilidade do público, conforme o projeto iniciado ainda na década de 1980.

A produção da emissora crescia cada vez mais, mas a gestão passou a ser um empecilho, visto que no ínicio dos anos 1990 o SBT tinha operações em cinco pontos diferentes da cidade de São Paulo: Vila Guilherme, Rua dos Camarés, Teatro Ataliba Leonel, Sumaré e Anhanguera.

Para Silvio e o próprio SBT, era importante centralizar todo o funcionamento da emissora em um espaço único, para que a gestão fosse controlada com mais eficiência e apresentasse a evolução pretendida. Mas, para reunir em um só lugar todo o SBT era preciso encontrar um local com muito espaço disponível. Além disso, seria necessário um projeto excepcionalmente grandioso.

VOANDO ALTO

Silvio nunca sonhou pequeno. O destino do menino que começou sua carreira como camelô pode ter sido uma surpresa, mas ele sabe que lutou diariamente para realizar suas conquistas, enfrentando cansaço, críticas, derrotas e tudo o que pode ser incluído em uma "típica" história de sucesso, não se intimidando diante dos desafios. Apesar de considerar inviável a possibilidade de o Ministério das Comunicações conceder uma emissora de televisão a um ex-camelô, Silvio não hesitou em traçar seu melhor plano e apostar tudo nessa chance com ousadia e simplicidade.

Sua simplicidade, aliás, é algo que marca os funcionários do SBT. Diversos são os relatos, como o de Maisa Silva, que retratam Silvio como um homem que trata a todos igualmente, independentemente da posição ou da condição social. Maisa conta que a humildade de Silvio foi o ensinamento mais valioso nesses dez anos ao lado do apresentador:

> “Não tem como negar que além de ele ser um mito, um ícone, ele é uma pessoa muito boa. Tem muita gente que acaba de entrar numa carreira e tem um destaque maior e se sente no direito de ser melhor que os outros. A humildade foi o maior ensinamento que o Silvio me passou. Ele é melhor que muita gente profissionalmente, mas faz questão de ser igual a todo mundo.”

A humildade e o trabalho duro resultaram em grandes conquistas ao apresentador. O SBT foi uma delas e o Centro de Televisão (CDT) foi outra. Afinal, um complexo de televisão instalado em uma área com mais de 230 mil metros quadrados parece coisa de filme de ficção, assim como muitos momentos da história de Silvio.

O CDT nasceu para solucionar um problema que a emissora estava enfrentando. Antes, Silvio tinha seus próprios estúdios em São Paulo para produzir programas; depois, passou a ter a concessão de um canal no Rio de Janeiro e, em seguida, criou o seu sistema de televisão. Em virtude da constante expansão dos planos televisivos, sua gestão foi de um único local para vários outros localizados em diversos pontos da cidade de São Paulo – cinco, especificamente. Após a estabilidade e o crescimento do SBT, essa dispersão estava se tornando um obstáculo. Afinal, a logística e a operacionalização de uma extensa grade de televisão não era nada fácil nesse modelo, além de custar muito caro.

Foi então que surgiu o grande projeto do SBT, o Complexo Anhanguera, que reuniria toda a produção da emissora em um só lugar. Para isso, era necessário um espaço gigantesco. Não há dúvida de que esse foi um projeto ambicioso e ousado, considerado até hoje a maior empreitada do Grupo Silvio Santos e, por isso, também a mais arriscada. Por se tratar de um projeto extremamente complicado, inicialmente não havia um consenso no Grupo Silvio Santos sobre sua concretização. Além da dúvida sobre a viabilidade, havia questionamentos em relação ao tamanho do investimento e ao prazo de conclusão. Outro receio era a respeito do local do projeto, que deveria ser enorme para abarcar tal estrutura, e ao mesmo tempo localizado em uma região acessível para não prejudicar as operações da emissora.

A Rodovia Anhanguera é uma das mais importantes rodovias brasileiras, pois liga a cidade de São Paulo à região Norte do Estado, bem como às principais cidades industriais. Seu nome é uma referência ao bandeirante Bartolomeu Bueno da Silva (1672-1740, séc. XVIII), líder da Guerra dos Emboabas, apelidado pelos índios de "Anhanguera", que em tupi significa "diabo velho". O velho bandeirante, no Estado de Goiás, em seu afã irascível de encontrar ouro, teve a ideia de derramar aguardente em uma tigela e atear fogo, ameaçando fazer o mesmo com os rios da região se os nativos não lhe indicassem o caminho correto para as minas do precioso metal; daí surgiu o apelido.

Com mais de quatrocentos quilômetros de extensão, é uma das maiores rodovias do país e começou a ser construída ainda em 1916. Originalmente com cerca de oitenta quilômetros, foi sendo ampliada ao longo dos anos. Até mesmo por conectar uma metrópole a cidades industriais, é também uma das rodovias mais movimentadas do país, com tráfego elevado especialmente no trecho que liga São Paulo a Campinas.

Esse era um fato que preocupava os dirigentes do Grupo Silvio Santos: sediar o SBT em uma rodovia desse porte. Afinal, como uma das maiores emissoras do Brasil poderia ficar refém de um local com alta suscetibilidade de congestionamentos? Apesar de todos os contras, foi definido que o projeto deveria seguir em frente, para o bem e o crescimento do SBT. Primeiramente, a intenção era que a obra levasse quinze anos – algo razoável, tendo em vista todas as expectativas que envolviam o CDT. O projeto foi aprovado por Silvio, com a previsão de um orçamento de cerca de 30 milhões de dólares. Mas, a realização iria muito além do planejado e o voo não seria baixo.

Uma das pessoas que desejava ir além era Guilherme Stoliar, sobrinho de Silvio Santos e um dos grandes responsáveis pela concretização do projeto colossal. Há mais de 46 anos no Grupo e mais de 30 anos no SBT, começou como office boy das lojas do Baú da Felicidade. Atualmente, ocupa a presidência do grupo, tamanha a relevância do trabalho que construiu ao longo de todos esses anos.

Quando o projeto Anhanguera estava sendo discutido, Guilherme assumiu a vice-presidência. Ao estilo Silvio Santos, ele também enxergava além e lutou para que a obra tivesse a dimensão que merecia. Junto a Luiz Sebastião Sandoval, presidente do grupo na época, passaram a ser entusiastas e porta-vozes de um grande CDT. A intenção era apostar no crescimento da própria emissora a partir de um grande centro de televisão.

No começo, Silvio, apesar de seu histórico de grande visionário empreendedor, mostrava-se um pouco receoso com o risco de ficar endividado. Afinal, sonhar mais alto também significava ter um custo maior, que se traduzia em altos empréstimos. O apresentador, que já tinha utilizado o crédito em outras ocasiões (por exemplo, para comprar o seu tão sonhado jipe para as caravanas do Peru que fala), tinha um certo trauma com a possibilidade de se afundar em dívidas. Mas, não adianta, a máxima dos negócios é que só há crescimento com investimento e recursos, que podem ser de dinheiro, tempo ou mão de obra.

Apesar da resistência de Silvio, Guilherme e Sandoval decidiram seguir com seu projeto ambicioso. Ao final da concretização do CDT, o investimento total seria quatro vezes maior do que o inicial previsto e aprovado, algo em torno de 120 milhões de dólares. A verba foi necessária não somente para a construção do complexo em si, mas também para os equipamentos que passariam a integrar os novos estúdios dos sonhos da emissora. Afinal, um complexo de ponta exige a melhor estrutura.

O Complexo Anhanguera começou a ser adaptado em 1993, com o objetivo ambicioso de trazer resultados inéditos para o SBT. Além da obra gigantesca, a emissora continuava apostando em profissionais relevantes para se aproximar da líder de audiência, a Rede Globo de Televisão.

Um desses casos foi uma mulher com alta credibilidade na televisão brasileira. Em 1996, o SBT trouxe um nome de peso para o seu quadro de jornalismo: a apresentadora Marília Gabriela. Com múltiplos talentos, Gabi iniciou sua carreira na televisão como estagiária do *Jornal Nacional*. Seu potencial para as telinhas era tão notável que no mesmo ano, em 1969, começou a apresentar o *Jornal Hoje*, em São Paulo. Após passar pelo *Fantástico*, em 1980 foi chamada para integrar o TV *Mulher*, onde atuava junto de Ney Gonçalves Dias e a sexóloga (e hoje senadora) Marta Suplicy. Gabi também atuou como cantora, chegando até mesmo a gravar alguns discos. No SBT estreou em 1995, no programa *SBT Repórter*, onde permaneceu durante quatro anos, e também no *First Class*. Ainda passou a apresentar o seu famoso *De Frente com Gabi*, onde encantaria o público com seu talento excepcional de entrevistadora.

Em 2000, Gabi deixou o SBT e foi para a Rede TV. O afastamento não durou muito, pois em 2002 ela retornaria à emissora de Silvio. O vai e vem se repetiu algumas vezes, com a mudança mais recente em 2010, quando ficou até 2015. Gabi não esconde que tem uma certa preferência pelo SBT. Em entrevista ao Portal Terra, em julho de 2013, chegou a afirmar:

> “Já disse isso outras vezes: o SBT é o melhor lugar para se trabalhar no Brasil. E olha que trabalhei em várias emissoras.[16]”

Pouco depois do início da atuação de Gabi no SBT, a obra mais imponente da emissora foi concluída. Em 19 de agosto de 1996, o Complexo Anhanguera foi inaugurado com grande celebração. O evento teve toda a grandiosidade merecida, com Silvio Santos muito satisfeito e transbordando a alegria de mais uma conquista descomunal. Na ocasião, quem esteve ao lado de Silvio foi o então presidente da República do Brasil, Fernando Henrique Cardoso. Caminhando junto ao grande homem do evento, Fernando Henrique conheceu todo o complexo.

Na época, o SBT tinha mais de 2.500 funcionários e o complexo era (e continua sendo) tão grande que todo o roteiro levou cerca de três horas para ser concluído. Como era impossível explorar tudo a pé, foram necessários trajetos de carro para conhecer cada detalhe. O primeiro local que a comitiva presidencial visitou foi o espaço cenográfico, com capacidade para oito estúdios de gravação. Os convidados, incluindo o presidente, não somente conheceram a estrutura, como puderam acompanhar ao vivo a gravação de uma cena da telenovela *Razão de Viver*.

Durante gravação da inauguração realizada pelo próprio SBT, Fernando Henrique Cardoso comentou sobre a "Fábrica de Sonhos" que a emissora viabilizou: "O setor terciário, o setor de serviços, é o que mais gera emprego. Se você comparar o investimento em uma unidade fabril por investimento desse tipo, este aqui gera muito mais emprego. E tem mais criatividade, aqui permite você imaginar! É uma fábrica de sonhos. Eu acho isso fantástico."

Guilherme Stoliar, muito feliz e orgulhoso do que haviam alcançado, também deu seu depoimento: "Eu acho que o país está nascendo de novo e nós precisamos entender isso, acreditar no nosso negócio e confiar no Brasil". O passeio também teve uma parada na área técnica, onde todos puderam conferir ao vivo os equipamentos de última geração que compunham o novo complexo do SBT. Além disso, também estiveram nas redações, onde é realizada a gestão de notícias dos telejornais da emissora.

Após passarem por diversos setores, como o dos figurinos e a praça de alimentação reservada para os funcionários, houve emoção na despedida entre Silvio Santos e o presidente Fernando Henrique, que ainda comentou:

> "Eu acho que é fantástico que tenha essa possibilidade de dar emprego a mais brasileiros, ter imaginação e tudo o mais. Olha, isso aqui é a ponte do primeiro mundo, técnica muito avançada. Eu fiquei pensando: 'Meu Deus, como é que alguém concebeu isso, fez um projeto com tanta minúcia para dar certo e deu certo'."

Não é à toa que o presidente ficou emocionado e perplexo diante do que viu na inauguração do Complexo Anhanguera. O CDT é o terceiro maior complexo de televisão da América Latina, atrás apenas da TV Azteca no México e – claro – da Rede Globo de Televisão com o Projac, no Rio de Janeiro.

Toda a festa foi realizada em um momento marcante do SBT: também se comemorava o aniversário da emissora. Há quinze anos da inauguração do complexo, Silvio Santos fazia a transmissão mítica da assinatura da concessão de sua rede de televisão. E nada melhor do que celebrar uma conquista histórica com um novo triunfo. A visita do presidente aconteceu durante o dia, mas a verdadeira festa foi à noite. Silvio celebrou ao lado dos funcionários do SBT, todos muito felizes e honrados por compartilhar o momento marcante com o "Patrão".

O ano da inauguração do Complexo Anhanguera trouxe muitas conquistas para Silvio e para suas empresas. Em 1996, o Grupo ultrapassou oito dígitos de faturamento, atingindo a casa do bilhão. As telenovelas, com os novos espaços disponíveis, seriam cada vez mais incentivadas no SBT. Até 1997, foram gravadas diversas tramas: *Éramos Seis*, *As Pupilas do Senhor Reitor*, *Sangue do Meu Sangue*, *Razão de Viver*, *Ossos do Barão*, *Pérola Negra* e *Fascinação*.

Como estratégia para aumentar a audiência, o foco estava nessas telenovelas e no telejornalismo. A vasta produção de novelas, especialmente, transformou-se em um dos grandes trunfos para conquistar audiência, publicidade e, consequentemente, faturamento. É certo que a inauguração do Complexo Anhanguera representou um importante passo para chegar a esse cenário. O investimento necessário para a construção dessa nova sede não foi pouco. Mas, para sonhar grande também é preciso alçar voos altos, e o CDT da Anhanguera foi mais uma grande decolagem para Silvio.

Era evidente que a obra havia exigido recursos como nunca antes do SBT. Mas, tendo em vista a conclusão da obra em poucos anos após o início, o resultado foi inovador, ficando claro que o risco valeu a pena.

COLHENDO FRUTOS

O Grupo Silvio Santos estava se acostumando a realizar projetos ousados e até considerados impossíveis. Foi assim quando colocaram uma emissora de televisão em poucos meses no ar e quando construíram o CDT da Anhanguera. A *holding*, que começou com o Baú da Felicidade, via o passado distante de pequena empresa se afastar cada vez mais.

Em 1999, as empresas com maior representação para o faturamento do grupo eram (em ordem): Liderança Capitalização, SBT, Banco Panamericano, BF Utilidades Domésticas (Baú da Felicidade), Panamericano Prestadora de Serviços, Vimave – Vila Maria Veículos, Panamericano Arrendamento Mercantil, Panamericana de Seguros, TV Alphaville e Panamericano Admistradora de Cartões de Crédito.

A Liderança Capitalização, mais conhecida como Tele Sena, foi fundada em 1945, ano em que Silvio estreou em sua carreira profissional como camelô. Apesar de ter sido fundada em 1945, foi com a aquisição por parte do Grupo Silvio Santos, em 1975, que a empresa se transformou em um verdadeiro sucesso. Ao estilo Silvio Santos, o produto sempre teve destaque em seus programas, assim como as inovações eram constantes, mantendo os altos índices de vendas.

A década de 1990 parecia estar se encerrando da melhor forma para o apresentador, graças à evolução em suas empresas e também no SBT. O período marcou a revelação de grandes estrelas e lançamentos de sucesso na emissora. Assim como Mara Maravilha, Eliana foi uma grande descoberta de Silvio. Seguindo o mesmo caminho da primeira pupila, Eliana viria a se consagrar como apresentadora e cantora dedicada ao público infantil.

Eliana estreou na televisão em um comercial da famosa e renomada marca de lingerie Valisere, ainda na década de 1980, quando não tinha nem 15 anos. Mas seria na década de 1990, no SBT, que apresentaria seu primeiro programa e despontaria para o sucesso. Antes disso, entretanto, Eliana teve que chamar a atenção de Silvio Santos, que logo percebeu seu potencial para a apresentação de atrações. Como integrante do grupo Banana Split, a convite de Gugu Liberato, e participando esporadicamente do "Qual é a música?", rapidamente ela se destacou na emissora.

Em 1991, Eliana começou a apresentar seu primeiro programa, o *Festolândia*, também voltado ao público infantil. O que era para ser o início de uma grande história teve um fim repentino: depois de três meses no ar, Silvio mandou acabar com a atração. Como um verdadeiro gestor de negócios, ele considerou os custos do programa muito altos quando comparados ao seu retorno. Para Eliana, que estava realizada com sua primeira conquista, o golpe foi duro. Ao receber a notícia, ela não se intimidou nem se conformou de imediato com o fim de seu contrato. Sem pensar duas vezes, foi atrás de Silvio para pedir outra chance.

A intenção de Eliana era conseguir outro programa para apresentar, contudo, Silvio lhe respondeu que não havia essa possibilidade no momento. Determinada a garantir sua chance no SBT, a futura estrela sugeriu que comandasse o *Sessão Desenho*, um programa clássico da emissora. A atração estreou juntamente com o próprio SBT e ficou no ar até 2007, apresentando desenhos que marcaram gerações inteiras de crianças, como *Pica-Pau*, *Tom & Jerry* e *Corrida Maluca*.

Poucos anos depois, Eliana estreou com a atração de maior projeção para a sua carreira: o *Bom Dia & Cia* entrou no ar em 2 de agosto de 1993. Desde então, é exibido no SBT diariamente, tornando-se o programa infantil mais longevo da emissora. Originalmente, a atração foi uma criação do diretor Nilton Travesso, já pensando em Eliana como apresentadora. Ela se tornou tão influente junto ao público infantil que durante um período o programa passou a se chamar *Eliana & Cia*. Eliana também chegou a apresentar o *TV animal*, atração anteriormente apresentada por outra loira famosa da emissora, a Angélica, que estreou no SBT com o programa *Casa da Angélica* em 1993, e também chegou a apresentar o *Passa ou Repassa*.

Desde o programa *Sessão Desenho*, Eliana já fazia apresentações musicais, sendo que, ainda em 1993, gravou seu primeiro disco, que se transformou em um grande sucesso. Logo em seu álbum de estreia, alcançou a marca de 300 mil cópias vendidas, o que a fez receber um Disco de Ouro pelo trabalho e marcou ainda mais as conquistas dessa fase.

O mérito do *Bom Dia & Cia* foi criar um formato inovador em termos de atração para crianças. Ao contrário das concorrentes, como era o caso das atrações comandadas por Xuxa e Angélica, e mesmo a de Mara Maravilha na emissora, o programa de Eliana não era realizado no modelo de auditório, que recebia os pequenos em sua plateia. O cenário era composto de forma a parecer-se com uma casa muito divertida. Em vez de interagir com crianças da plateia, a apresentadora interagia com os personagens que participavam ao seu lado da atração, como, por exemplo, o famoso boneco Melocoton.

O *Bom Dia & Cia* era composto por várias atrações, incluindo jogos e brincadeiras, artistas da música, desenhos e até mesmo um café da manhã com convidados. O objetivo era transmitir um olhar educativo para ajudar no desenvolvimento das crianças. Logo na estreia, o programa era exibido antes do programa da Mara Maravilha, o *Show Maravilha*. Com o término da atração da colega de emissora, que foi para uma TV argentina apresentar um novo programa próprio, o *Bom Dia & Cia* passou a ocupar a manhã inteira da grade do SBT.

Eliana ficou no SBT até 1998, quando deixou a emissora para apresentar o *Eliana & Alegria* na TV Record. Ali permaneceu até 2009, período em que retornou para o SBT. Atualmente, o programa *Eliana* ainda está no ar, dessa vez voltado ao público adulto. Recentemente, a apresentadora teve de se afastar dos trabalhos na emissora devido ao período de gestação de risco que enfrentou, antes de dar à luz sua segunda filha, Manuela.

Em entrevista à repórter e apresentadora Chris Flores, do SBT, Eliana ressaltou o apoio que recebeu de Silvio:

> Ele disse: 'Eliana, o trabalho passa, a família fica', e quando contei a ele que eu estava no hospital, ele ficou muito preocupado e foi muito carinhoso: "Fica aí, cuida da sua filha, para de pensar no programa, cuida da sua família."

Outro apresentador marcante da emissora e que também iniciou a carreira na década de 1990 foi Celso Portiolli. A forma como foi contratado, inclusive, tem muita semelhança com o início de Gugu Liberato. Apesar de ter iniciado sua carreira de comunicador no rádio, seu grande sonho era aparecer nas telinhas. Por isso, assim como Gugu, enviava em cartas sugestões de quadros para Silvio. Celso enviou em 1993 uma fita VHS contendo sugestões de pegadinhas em câmeras escondidas para o *Topa Tudo por Dinheiro*. A maior parte das ideias que ele enviou a Silvio foi aprovada, o que fez com que o SBT – e o próprio Silvio – ficasse de olho naquele talento que aparecia "de mão beijada" na emissora. Primeiramente, ele foi aproveitado como redator do próprio *Topa Tudo por Dinheiro*, uma vez que já tinha demonstrado grande habilidade para elaborar as pegadinhas da atração.

Foi em 1996 que Celso teve a oportunidade de apresentar o *Passa ou Repassa*, programa no qual dois times participavam de uma disputa que envolvia um jogo de perguntas e respostas. Ao longo de sua trajetória profissional no SBT, ele teria a oportunidade de apresentar diversas atrações. Esse foi o caso do legendário *Domingo Legal*, que assumiu após a saída de Gugu da emissora. Após diversas alterações no período de exibição do *Domingo Legal*, que reduziu de quatro para duas horas sua programação, Silvio teria dito, de acordo com Celso em participação no programa *Dudu Camargo,* na Super Rádio: "Possivelmente em 2018 você terá um programa de quatro horas, não sei qual o dia e horário, mas pode ser que dê certo".

Outro programa da década de 1990, que estreou em 1997, foi o *Fantasia*. Logo que entrou no ar, tornou-se um verdadeiro sucesso com sua fórmula simples para atrair a atenção do telespectador com jogos, interação e garotas bonitas. Das mulheres que participaram do programa, diversas foram lançadas para o estrelato: a atriz Fernanda Vasconcellos (atualmente na Rede Globo), Tânia Mara, Jackeline Petkovic e Lívia Andrade, que atualmente participa do quadro "Jogo dos Pontinhos" no *Programa Silvio Santos*. A atração, apesar do sucesso inicial, não emplacou boa audiência durante muito tempo. Por isso, acabou saindo do ar nos anos 2000. Em 2007 houve uma segunda tentativa de emplacar o *Fantasia*, que também não obteve sucesso, sendo encerrado definitivamente em 2008.

Também iniciado na década de 1990, o Teleton já está há quase vinte anos no ar. Poucas pessoas sabem, mas a iniciativa partiu de Silvio por causa de sua neta com necessidades especiais, a Luana, filha de Silvia Abravanel.

Para exibir a atração beneficente uma vez por ano no SBT, Silvio precisou adquirir seus direitos autorais. O criador do formato do Teleton foi o comediante americano Jerry Lewis. O programa original teve sua primeira edição em 1966, com o objetivo de arrecadar fundos para a Associação da Distrofia Muscular, doença que acometia o próprio filho de Jerry. O primeiro Teleton estreou no SBT em maio de 1998 e desde então vem sendo exibido anualmente. Na primeira edição do projeto, a emissora de Silvio conseguiu arrecadar quase R$ 15 milhões, montante que resultou na construção de uma unidade da Associação de Assistência à Criança Deficiente (AACD) em Recife.

A cada ano, o SBT cria uma programação especial e intensa para o Teleton, que dura mais de 24 horas no ar, mais precisamente 27 horas. Para segurar por tanto tempo o telespectador, ainda que tenha uma causa tão nobre, Silvio aposta na sua grade de estrelas e em artistas renomados para compor a atração e apresentar o evento. Em 2016, o Teleton alcançou a impressionante marca de R$ 27 milhões arrecadados, meta estipulada pelo próprio SBT. Mesmo com a quantia expressiva, o total representou uma queda em relação ao ano anterior, 2015, que teve mais de R$ 31 milhões arrecadados.

Ao longo das mais de 24 horas de programação, também são exibidas reportagens especiais sobre o histórico e a atuação do SBT, tudo ao vivo do Complexo Anhanguera. O Teleton é uma atração histórica da emissora, e é planejado e executado com muito cuidado e dedicação. Desde o seu nascimento no SBT, Hebe Camargo era a madrinha do projeto, e encerrava a transmissão da maratona em prol da AACD, ao lado de Silvio Santos. Até o final da vida, ela sempre cumpriu seu papel louvável no fechamento da programação.

A edição de 2017 traz inovações no formato, que buscam adequar a atração à nova geração da comunicação por meio do conteúdo exclusivo para a internet, até mesmo com transmissão ao vivo de um canal próprio no YouTube.

Outra febre da emissora que fecharia a década de 1990 com chave de ouro foi o *Show do Milhão*. Assim como muitas atrações do SBT, foi inspirado em um programa americano chamado *Quem Quer Ser um Milionário?*. A graça do jogo não era somente o fato de o participante concorrer ao prêmio de R$ 1 milhão, mas também pelo formato que prendia muito a atenção dos telespectadores. Afinal, era difícil não se envolver com os participantes e esperar ansiosamente pela resposta às perguntas de variedades que valiam prêmios cada vez maiores.

Pessoas comuns ficavam diante de Silvio Santos tentando escolher a resposta certa para as perguntas. O participante era exposto a três rodadas: na primeira havia cinco perguntas valendo mil reais cada, na segunda também cinco perguntas, mas por R$ 10 mil cada. Claro que só seguia em frente quem respondesse corretamente. Na terceira rodada, que apresentava uma dificuldade maior, o candidato deveria responder a mais cinco perguntas, dessa vez valendo R$ 100 mil cada. A última pergunta, a tão esperada questão final, valia o incrível prêmio de R$ 1 milhão.

Ao longo das três rodadas, o participante podia solicitar diversos auxílios, contando com os universitários (que eram literalmente três universitários convidados), placas da plateia, cartas de baralho (nos quais, conforme a sorte, algumas alternativas erradas poderiam ser eliminadas) e também a possibilidade de pular uma questão. Na última pergunta, a que valia R$ 1 milhão, não era possível solicitar nenhum tipo de ajuda.

A primeira fase do programa foi apresentada de 1999 a 2003. Ao seu final, houve um fato emocionante: um dos participantes conseguiu acertar a pergunta máxima e ganhar R$ 1 milhão. Sidney de Moraes tentou por diversas vezes participar do programa, chegando a gastar R$ 200 em cupons da *Revista do* SBT em um mês. Ele conseguiu realizar o seu objetivo quando uma operadora de celular, que se tornou patrocinadora do programa, lançou uma promoção. Sidney chegou a adquirir um celular para participar da promoção que o levaria ao *Show do Milhão*.

O senhor aposentado faturou o prêmio máximo ao responder corretamente à seguinte pergunta: "Em que dia nasceu e em que dia foi registrado o presidente Lula?". Durante os vinte segundos em que o cronômetro correu, o participante e futuro primeiro ganhador respirou aliviado e emocionado, dizendo para si mesmo: "Eu sei!".

Foi com a alternativa 1, a opção que constava 6 e 27 de outubro, que se tornou o primeiro (e único) participante a festejar a grande vitória. O próprio Silvio Santos ficou muito feliz pelo resultado e celebrou junto com ele.

Em 1999, o SBT atingiu a média de 25,1 pontos de audiência no ano, número que o deixava isolado em segundo lugar no ranking brasileiro. Ao longo de toda a década de 1990, o melhor índice de audiência da emissora foi registrado em

1994, com a média de 28,6 pontos. Há quase vinte anos no ar, os anos 2000 chegariam com novidades, grandes estrelas e muitas situações marcantes na vida e trajetória profissional de Silvio Santos. O século XXI seria inovador para o apresentador e seus negócios.

SBT NO SÉCULO XXI

O século XXI começou agitado para Silvio Santos. O novo milênio foi marcado por acontecimentos intensos, tanto positivos quanto negativos, afinal, em 2001, o apresentador enfrentou uma das situações mais delicadas da sua vida, quando esteve cara a cara com a morte.

Apesar desses sustos, dentre os quais o sequestro de sua filha Patricia, os anos 2000 também representaram um período de importantes mudanças para o Grupo e para o próprio SBT. Assim como acontecera desde seu surgimento, novos negócios foram incorporados.

Em 2006 foi lançado um dos carros-chefes do grupo: a empresa Jequiti, marca de cosméticos de Silvio Santos. Mesmo alérgico a perfumes, Silvio apostou com tudo na decisão de investir em cuidados para a beleza. Antes de surgir a empresa, Silvio observava em viagens que fazia com a família o interesse das mulheres em cosméticos, não só das filhas e esposa, como de todas as outras. Sabendo que poderia oferecer o melhor em beleza para o seu público, resolveu investir na ideia.

Não à toa, a Jequiti é uma grande aposta do empresário atualmente. O setor de Higiene Pessoal, Perfumaria e Cosméticos no Brasil faturou cerca de R$ 45 bilhões em 2016, o que faz do país o quarto maior mercado do setor. Na categoria "Perfumes", conforme dados da Associação Brasileira das Indústrias de Higiene Pessoal, Perfumaria e Cosméticos (ABIHPEC), somos o segundo maior mercado do mundo.

Assim como diversos produtos do grupo, a linha de produtos da Jequiti – que inclui itens de perfumaria, maquiagem e cuidados diários – possui um espaço cativo nas atrações do SBT. Um importante programa do SBT hoje é o *Roda a Roda Jequiti*, patrocinado pela empresa desde 2008, em que os participantes do *gameshow* são consultores e consumidores de produtos da empresa. Com essa vitrine, a intenção é elevar o reconhecimento da marca e torná-la cada vez mais presente no dia a dia das suas consumidoras.

No caso dos perfumes, os produtos possuem, além da marca Jequiti, o nome de grandes estrelas do SBT e mesmo do Brasil: Eliana, Anitta, Patricia Abravanel e Celso Portiolli são astros que firmaram parceria com a empresa. Todo esse contexto está ajudando a marca a se tornar cada vez mais relevante dentro da *holding*. Com expressivo crescimento, em 2014 a empresa se tornou o segundo negócio em termos de faturamento, atrás apenas do SBT.

A Jequiti, que tem seu nome inspirado na árvore jequitibá, vem recebendo nova roupagem. A intenção é deixar a marca cada vez mais atrelada à história do Grupo e, especialmente, de Silvio Santos, vinculando os produtos ao entretenimento – DNA do próprio fundador. O novo slogan da Jequiti também lembra muito Silvio Santos – "Jequiti, sonha que dá" –, afinal, ele pode falar com muita propriedade sobre trabalhar para alcançar seus sonhos. Na campanha, artistas relacionados aos produtos da marca, como Larissa Manoela, Ivete Sangalo e Luan Santana, dão depoimentos sobre como encaram a vida para realizar seus maiores desejos.

Com a venda do Banco Panamericano em 2010, buscando resolver a delicada situação financeira em que o negócio se encontrava, Silvio apostou ainda mais suas fichas na Jequiti. Por um momento, pensou em vender todo o grupo e aposentar-se nos Estados Unidos, mas, como não é de desistir, resolveu persistir e confiar em seu talento de empreendedor.

E por que Silvio pensou em vender todo o grupo? A dívida do Banco Panamericano ultrapassava o valor de R$ 4 bilhões de reais. Com o banco quebrando, conseguiu uma saída para a delicada situação em que se encontrava: vendeu sua participação de R$ 450 milhões ao BTG Pactual. Com a negociação, Silvio conseguiu liquidar a dívida que ele havia contraído com o Fundo Garantidor de Crédito (FGC), sendo que o restante foi assumido pelo próprio FGC em benefício da preservação do sistema financeiro nacional. Ou seja, foi considerado um bem para o sistema financeiro nacional e o próprio país a recuperação do Banco Panamericano. Afinal, para além de um banco importante do Brasil, era o banco do Silvio Santos.

De acordo com matéria de *O Estado de S. Paulo* em fevereiro de 2011:

> “Não foi à toa que Silvio saiu sorrindo da sede do BTG Pactual após a assinatura do negócio, na noite de ontem. Em uma só tacada, ele quitou uma dívida de R$ 4 bilhões por pouco mais de 10% do valor. E mais: protegeu a maior parte de seu patrimônio, que engloba o SBT e a empresa de cosméticos Jequiti, entre outras. Em contrapartida, abriu mão do banco, unidade mais rentável de seu grupo.”[17]

Outro empreendimento relevante que teve seu lançamento também na primeira década do século XXI foi o hotel Sofitel Guarujá Jequitimar, localizado na Praia de Pernambuco, na cidade que dá o nome ao empreendimento. Por ser um hotel cinco estrelas, exigiu um alto investimento da parte do grupo, assim como a construção do CDT da Anhanguera. Por ser o local onde Silvio conheceu sua atual esposa, o Guarujá não foi apenas uma escolha estratégica, mas especialmente pessoal e afetiva. Em nota divulgada à imprensa antes da inauguração, as palavras de Silvio foram:

> O Guarujá representa parte importante da minha vida, e muito me alegro em iniciar ali essa nova fase, pois foi onde conheci a Iris, minha mulher, que gerou as nossas preciosas filhas e, com sua alegria e entusiasmo, contribuiu para dar colorido à minha existência.

Assim como as outras empresas do Grupo, o SBT também teve importantes momentos no novo milênio. Em 2001, a emissora lançou um grande sucesso de audiência, incomodando até a Rede Globo: o reality show *Casa dos Artistas*. O primeiro reality da história foi produzido décadas antes do *Casa dos Artistas*, mais precisamente em 1973. O programa *An American Family*, exibido pela emissora norte-americana PBS, estreou o gênero na TV. Como o nome diz, o centro do programa era uma família americana e sua rotina.

Com o objetivo de retratar o cotidiano de um casal e seus cinco filhos, o programa teve um total de doze episódios. *An American Family* mostrava realmente a vida como ela é, chegando até mesmo a televisionar o pedido de divórcio da esposa para o marido. Anos mais tarde, em 1991, um programa com o mesmo formato estreou na MTV americana, conhecido como *Real World*. Esse reality chegou a ser transmitido na televisão brasileira como o nome de *Na Real*, e mostrava a vida de diversos jovens desconhecidos habitando o mesmo teto. Os reality shows, que até então eram uma novidade, rapidamente dominariam as emissoras de televisão em todo o mundo.

Foi uma surpresa para todos quando Silvio Santos anunciou a mais nova atração do SBT. Sem preparar ninguém previamente, o apresentador anunciou em 2001 o confinamento de 12 artistas em uma mansão localizada no bairro do Morumbi – local onde hoje é o escritório de Iris Abravanel. *Casa dos Artistas* foi o primeiro reality show de confinamento da televisão brasileira. Devido ao seu ineditismo, além do fato de a Globo estar bem incomodada com o concorrente de seu próprio reality (o BBB), que estrearia em 2002, a audiência da atração acabou se tornando a maior do SBT.

A primeira edição do programa teve os seguintes participantes: Bárbara Paz, Supla, Mari Alexandre, Patrícia Coelho, Alexandre Frota, Mateus Carrieri, Taiguara Nazareth, Nana Gouvêa, Nubia Óliiver, Marco Mastronelli, Leandro Lehart e Alessandra Scatena. Assim como os brasileiros foram surpreendidos com o reality, os participantes também pouco sabiam do que se tratava.

No dia 28 de outubro de 2001, o SBT entrou no ar repentinamente com *Casa dos Artistas*. A estreia aconteceu no mesmo dia do lançamento da terceira edição do *No Limite*, reality show da Globo. O início foi tão impactante que superou até mesmo a audiência do *Fantástico* – primeira derrota da atração global desde sua estreia.

Em matéria da *Folha de S.Paulo* no dia 31 de outubro, a inesperada atração foi comentada:

> “Além de prejudicar o *No Limite*, o SBT quer derrubar a audiência do *Fantástico*, um dos maiores faturamentos da Globo. A direção do programa já foi avisada de que é preciso reforçar as reportagens que deem audiência. *Casa dos Artistas* começou a ser produzido em sigilo há um mês. Liderada por Rodrigo Carelli, ex-MTV, a equipe assinou um termo às escondidas. Eles deixavam seus carros em um estacionamento e seguiam para o local de trabalho em uma van. Os artistas só foram contratados na semana passada.[18]”

Com sete semanas de duração, o programa foi uma surpresa até mesmo para os confinados, como contou Mari Alexandre ao Portal UOL em reportagem de 2016 que marcou os quinze anos da estreia da atração: "Fui ao programa do Silvio, ele me chamou no camarim e perguntou se eu não queria participar de um reality show, que eu nem sabia o que era nem ele podia explicar". O projeto era tão secreto que até mesmo no SBT não eram muitos os que tinham ciência sobre os planos. Para que informações não vazassem antes do tempo, apenas alguns diretores da emissora e o diretor do reality, Rodrigo Carelli, sabiam das ideias de Silvio Santos.

Sempre em busca de formatos inovadores de atrações ao redor do mundo, Silvio teria tido a ideia do reality a partir do norte-americano *Big Brother*, da produtora Endemol, cujo formato nasceu em 1999. A sacada de Silvio estava em confinar celebridades conhecidas do público em vez de pessoas comuns. Como a Globo já havia adquirido os direitos do *Big Brother* e ficou muito surpresa e aborrecida com o sucesso de *Casa dos Artistas*, decidiu processar o SBT por plágio. O processo corre até hoje na Justiça brasileira.

Casa dos Artistas, ao longo das semanas em que ficou no ar, teve todos os ingredientes para continuar apresentando altos índices de audiência: romance entre Bárbara Paz e Supla (dupla que virou queridinha do público), fuga de Alexandre Frota, discussões entre os participantes e até mesmo desistência. Todas as polêmicas a que o telespectador adora assistir em novelas, mas na vida real e com celebridades.

A atração foi um sucesso de público durante toda a exibição. Ao final, quem saiu da mansão do Morumbi como grande vitoriosa foi a participante Bárbara Paz, que ganhou o prêmio de R$ 300 mil. Em segundo lugar, como esperado, ficou o então namorado de Bárbara, Supla. Bárbara já afirmou que o reality foi um marco em sua vida, como também ficou para a história de Silvio Santos e do SBT: a média de audiência da grande final foi de 47 pontos, chegando a atingir 55 pontos na grande São Paulo, maior audiência já alcançada pela emissora.

Até mesmo Silvio Santos, o rei dos domingos, ficou muito impactado com a performance. Constam informações dos bastidores de que ele foi visto chorando com o resultado, com a aceitação do público, e comentou que nunca mais o feito se repetiria, já que aquele era um dia histórico. No fim do programa, Silvio chamou os participantes para elogiá-los pessoalmente – afinal, eles foram os responsáveis pelo sucesso. Todos comemoraram a noite histórica e ficaram lisonjeados em receber elogios de uma figura tão importante da televisão brasileira.

O SBT ainda chegou a fazer mais três edições de *Casa dos Artistas*, incluindo artistas e fãs na terceira edição e aspirantes a atores na quarta, que sonhavam em ser protagonistas de novelas. A última edição do reality show foi ao ar em 2004. Silvio estava certo quando disse que a conquista da primeira edição não voltaria a acontecer. Nas edições seguintes, os índices de audiência foram bem reduzidos em relação ao original. Mas para Silvio, a primeira edição já havia valido a pena. Afinal, estrear com uma vitória frente ao *Fantástico* é algo marcante, tendo em vista tudo que a Rede Globo de Televisão representa em termos de audiência na televisão aberta.

Silvio já afirmou que é impossível concorrer com a Rede Globo e declarou que aceita o fato. Mas claro, aceitação não significa desistência, já que não cansa de tentar emplacar sucessos para disputar com a concorrente, assim como no caso do reality show. Em 1998, chegou até mesmo a tentar trazer para sua casa um dos principais nomes da Rede Globo, que tem a emissora em seu DNA: o Boni. As conversas entre Silvio e Boni até chegaram a evoluir, mas não foram concluídas. É difícil mesmo imaginar alguém tão "Globo", tão responsável por toda a estruturação do crescimento da emissora, atuando na sua principal concorrente.

Os últimos anos não vêm sendo de grande crescimento para a televisão aberta em geral. Com um mundo cada vez mais digital e opções *on demand* que saciam os desejos e necessidades de todos os consumidores, além de opções de canais segmentados em *Pay TV*, a audiência está cada vez mais diluída. Obviamente que opções como a TV por assinatura são mais caras e muitas vezes não atingem uma parcela significativa da população brasileira, com quem o SBT possui alta popularidade. Mas, ainda assim, o Brasil tende a se tornar um país conectado e on-line.

Não é à toa que o país é o rei dos "memes da internet": somos o 15º em conectividade móvel do mundo, segundo dados da Fundação Getulio Vargas em 2016, que contabilizam mais de 168 milhões de smartphones – número 15% maior em relação ao ano anterior. Além disso, em 2014 atingimos uma porcentagem de 54,4% da população com acesso à internet, conforme o IBGE. Não é um cenário fácil, mas, ainda assim, o SBT recebeu notícias positivas em comparação às outras emissoras. Investimentos feitos na programação e a parceria com a Televisa resultaram, quando comparados os anos de 2010 e 2015, em crescimento para o SBT, ao contrário dos concorrentes.

Os números comprovam: de acordo com dados do Ibope, a emissora aumentou sua participação no faturamento do setor, indo de 12,7% para 13,8%. O mundo pode estar mudando e novas opções surgindo a cada momento, mas Silvio Santos ainda é Silvio Santos. Silvio não somente criou novas atrações, como também lançou novas estrelas que hoje são reconhecidas em todo o território nacional – isso também no novo século. Esse foi o caso de Maisa Silva, a pequena irreverente que começou com Silvio logo aos 5 anos.

Maisa é o que pode ser chamado de talento nato: nasceu em 2002 e foi descoberta aos 3 anos, quando participou de um programa de calouros do Raul Gil. Desde sua primeira aparição, já deixou marcas com seu carisma e sua espontaneidade. Em 2007, impressionado com o potencial da menina comunicadora, Silvio a levou para o SBT, onde teria seu primeiro programa. No programa infantil *Sábado Animado*, além de apresentar desenhos, Maisa atendia a ligação dos telespectadores que participavam de jogos e brincadeiras na atração.

O programa ao vivo – algo importante de se ressaltar para alguém tão jovem – chegou a bater o programa da Xuxa em audiência em 2008. A sinceridade da menina Maisa era um dos principais ingredientes do sucesso do programa. Silvio ficou muito impressionado com seu talento, chegando a dar um quadro para ela em seu programa dominical. Ainda em 2008, Maisa estreou no *Programa Silvio Santos* com o quadro "Pergunte para Maisa".

As conversas entre os dois eram um atrativo à parte para a programação, afinal, o público se divertia muito com o potencial de comunicação entre eles. Dessa época, Maisa se lembra do carinho e cuidado que o patrão sempre teve com ela, constantemente preocupado com sua família. Como ela entrou na emissora muito jovem, uma das questões-chave e que muito preocupava Silvio era a educação da jovem. Não somente para Silvio Santos, como para toda a equipe do SBT, visto que as estrelas mirins devem apresentar um boletim impecável para trabalhar na emissora.

Maisa relembra essas e outras preocupações que o "Patrão" demonstrou na primeira conversa entre eles:

> "Ele me perguntou onde eu morava, se eu estudava e onde eu estudava, se eu estava feliz, se eu gostava de apresentar, se eu queria ter um programa, como eram os meus pais. Ele fez uma investigação da minha vida para saber se eu realmente era feliz e se estava pronta para assumir a responsabilidade de ter um programa. Para mim era uma brincadeira, mas, querendo ou não, era uma responsabilidade grande e ele tem esse cuidado de saber se o funcionário está saudável, está em condições de apresentar o programa."

Após a atração *Sábado Animado*, Maisa passou a apresentar o legendário programa infantil *Bom Dia & Cia*, que por muito tempo foi apresentado pela outra estrela da casa, a Eliana. Maisa assumiu o programa em 2009. A partir de 2012, ela se descobria também como atriz. Foi transferida para o setor de teledramaturgia do SBT, onde interpretou a personagem Valéria Ferreira, no remake da novela *Carrossel*, escrita por Iris Abravanel.

Maisa retornou ao *Bom Dia & Cia* mais uma vez aos 11 anos, quando permaneceu somente um ano, pois voltaria para as novelas. Em 2014 ela fez uma participação especial em *Chiquititas*. Atualmente, Maisa está no sucesso *Carinha de Anjo* e sua carreira segue em ascensão. Ela estreou em 2015 no cinema, com o filme da novela *Carrossel*, que teve a segunda edição no ano seguinte.

Com apenas 15 anos, Maisa já completa dez anos de SBT em seu currículo. Para ela, a grande lição que aprendeu com Silvio em sua trajetória foi a humildade, demonstrada no tratamento carinhoso do apresentador com todos os funcionários.

Maurício Sobral, segurança de Silvio e no SBT há 24 anos, também ressalta esse fato. Ele é fã de Silvio desde a década de 1970, quando assistia ao apresentador nas televisões dos vizinhos, pela janela, porque não possuía televisor em casa devido às dificuldades financeiras.

Logo em seu primeiro dia no SBT, em 1993, ficou assustado quando soube que ia conhecer o ícone da televisão brasileira logo de cara. Afinal, ele não tinha se preparado para a ocasião, nem mesmo tinha feito a barba. Para ele, "todos os dias com Silvio são marcantes", pois a atenção que ele dispensa a todos os funcionários o faz considerá-lo um pai. Sobral diz que o magnetismo do apresentador é tão grande que mesmo aqueles que são supercomunicativos ficam meio sem fala perto de Silvio, impressionados com sua presença.

E o patrão sempre surpreende. Cleber Kanai, um cinegrafista considerado indispensável nos programas de Silvio e Patricia Abravanel, foi demitido pela área técnica do SBT em 2015 e logo recontratado a pedido do patrão. Quando Silvio ainda gravava no teatro da Ataliba Leonel, outro fato semelhante aconteceu. O apresentador chegou para trabalhar e não encontrou Palito, responsável por cuidar do carro de Silvio; sem pestanejar, ele deu meia-volta e disse que só voltaria quando Palito fosse recontratado.

E as histórias não param por aí. Um dos jurados do quadro *Show de Calouros*, Vagner Montes, sofreu um acidente de moto e, infelizmente, acabou tendo de amputar a perna. A reação de Silvio, segundo relatou Vagner ao programa *Domingo Espetacular*, foi emocionante:

> Na hora mais difícil da minha vida, ele ligou e disse para o meu pai: "Olha eu não posso dar uma perna de carne e osso, mas a mais moderna do mundo, onde tiver... ele vai usar." Quando as pessoas me perguntam como defino o Silvio Santos, eu respondo: "Meu amor".

Outro bonito exemplo do cuidado que Silvio demonstra ter com seus funcionários foi televisionado. Em agosto de 2013, Carlos Nascimento, âncora do *Jornal do SBT*, foi diagnosticado com um câncer no reto, que o obrigou a se afastar da bancada do jornal que apresentava ao lado de Karyn Bravo. O jornalista retornou ao SBT em abril de 2014 para receber a estatueta do Troféu Imprensa na categoria "Melhor Jornal de Televisão". Ao receber o prêmio ao lado da colega de bancada, Carlos Nascimento comentou a ajuda importante que recebeu de Silvio e do SBT em um momento tão difícil da sua vida.

Emocionado, ele falou:

> "Quando a gente fica doente, a gente começa a valorizar mais as atitudes e as pessoas. Então, eu queria contar para vocês o que foi que fez o Silvio Santos. O meu contrato com o SBT venceu durante a minha doença. Só que, dois meses antes, apareceu uma pessoa na minha casa com um contrato novo, dizendo assim: 'Olha, o Silvio mandou você assinar, você não se preocupe, você fique em casa, vai se tratar, o dia que você puder voltar a trabalhar, você volta.' Então eu devo isso ao Silvio, ao SBT. Bem, eu sei que ele fez por mim, como ele fez por muito mais gente."

Após a fala do jornalista, Silvio comentou, com a maior simplicidade, que não tinha feito nada de mais e que esperava que todas as empresas fizessem isso por seus funcionários.

A empatia de Silvio é uma notável qualidade sua, fato que não passou despercebido nos relatos de Juca Kfouri em seu livro *Confesso que perdi*, lançado em 2017. Durante a Copa do Mundo de Futebol em 1986, no México, Kfouri foi responsável pela cobertura do evento esportivo para o SBT, sendo que era a primeira vez que o canal conquistava o direito à transmissão. Todavia, acabou tendo que retornar ao Brasil antes do término da Copa, por motivos de saúde, e foi surpreendido por uma atitude de Silvio. A esse respeito, Kfouri relatou:

> "Houve uma compensação, no entanto, surpreendente. O SBT depositou em dobro o salário do mês seguinte à Copa. Liguei para quem de direito e alertei sobre o equívoco. Não era.
> – Silvio Santos gostou tanto da cobertura que mandou pagar em dobro – ouvi de volta.
> Que patrão!"[19]

Da mesma geração de Maisa, Larissa Manoela é um nome de grande projeção do SBT. Começou na emissora em 2012, na novela *Carrossel*, interpretando Maria Joaquina. Esteve também no ar em 2015 e 2016 interpretando as gêmeas de *Cúmplices de um Resgate*. É impressionante o quanto Maisa e Larissa Manoela influenciam os jovens de hoje em dia, não só na televisão como nas novas mídias, as redes sociais. Ambas possuem mais de 10 milhões de seguidores cada em suas contas no Instagram, e

Maisa possui mais de 3,5 milhões de inscritos em seu canal no YouTube.

Outro nome importante para o SBT nesses últimos anos foi o apresentador Carlos Massa, mais conhecido como Ratinho. No início da década de 1990, ele estreou na televisão apresentando programas policiais, primeiro na rede CNT e, posteriormente, na Record. Em 1998 começou a apresentar o *Programa do Ratinho* no SBT, focado nas classes mais populares e tido como sensacionalista em virtude do conteúdo de suas matérias, assim como a atração jornalística *Aqui Agora*.

O jornalismo do SBT, aliás, acabou sendo reforçado nos últimos anos, com nomes relevantes da área que trouxeram credibilidade para a emissora. Um desses nomes é José Nêumanne Pinto, jornalista, poeta e escritor. Nêumanne possui uma vasta carreira jornalística, com passagens em importantes veículos como *Jornal da Tarde* e Rádio Jovem Pan. Conhecido pelo bordão que dá nome à sua coluna, "Direto ao Assunto", ingressou pela primeira vez no SBT em 1996, onde ficou até 1997 e, posteriormente, em 2004, apresentando diariamente sua coluna de comentários políticos e econômicos. A partir de 2007, passou a apresentar diariamente seu quadro nos telejornais *SBT Brasil* e *Jornal do SBT Manhã*, permanecendo na emissora até 2014. Silvio, inclusive, convenceu o jornalista a tingir seu próprio cabelo, pois, como ele mesmo lhe dizia, "90% da comunicação é visual, somente 10% é a fala".

Outro nome relevante é o de Carlos Nascimento, que, como já citado, afastou-se do SBT por um período em virtude de um tratamento contra o câncer. Nascimento é um experiente jornalista e âncora, tendo trabalhado durante décadas na Rede Globo de Televisão, onde ficou conhecido. O jornalista ingressou no SBT em 2006, após ser âncora do *Jornal da Band* na TV Bandeirantes. Na emissora de Silvio, realizou reportagens especiais para o *SBT Brasil*, comandou o *Jornal do* SBT e o programa *O Maior Brasileiro de Todos os Tempos*, atração que elegeu o médium Chico Xavier como o brasileiro que mais se destacou pelo legado. Atualmente, o jornalista é um dos apresentadores do noticiário *SBT Brasil*.

Também apresentadora do *SBT Brasil* e paraibana, assim como Nêumanne, Rachel Sheherazade iniciou sua carreira jornalística em seu Estado natal, quando assumiu um telejornal transmitido pela TV Tambaú, afiliada do SBT. Em 2011, após ter um comentário seu criticando o carnaval publicado no YouTube, chamou a atenção de Silvio Santos, que a convidou para trabalhar no SBT, em São Paulo. Atualmente, divide a bancada do *SBT Brasil* com Carlos Nascimento e o jornalista Joseval Peixoto, também âncora do *Jornal da Manhã* na Rádio Jovem Pan.

Dois outros grandes nomes do quadro jornalístico do SBT foram Hermano Henning e Ana Paula Padrão. Henning, especialmente, permaneceu durante mais de duas décadas na emissora, período em que foi o âncora de diversos dos mais importantes telejornais transmitidos. Ana Paula Padrão, assim como Carlos Nascimento uma ex-global, permaneceu no SBT entre 2005 e 2009.

MAIS DE 35 ANOS DE HISTÓRIA

O dia 19 de agosto de 1981 foi histórico para o SBT e para o Brasil. Nesse dia, Silvio Santos realizou seu grande sonho no qual vinha batalhando havia tantos anos. Também nesse dia, o Brasil deu boas-vindas a uma emissora que entrou para a história do país, com seus programas que marcaram tantas épocas e gerações.

No dia 19 de agosto de 2016 o Sistema Brasileiro de Televisão completou 35 anos. Foram três décadas e meia em que a emissora exerceu diariamente sua missão de trazer diversão à população brasileira.

Em seu aniversário de 33 anos, em 2014, o SBT lançou uma campanha idealizada junto à agência Publicis que trazia um texto-manifesto sobre a vocação da televisão e do próprio Silvio Santos:

> *Felicidade.*
> *Felicidade é nascer com a vocação de divertir.*
> *É ter mais energia a cada ano que passa.*
> *É ter alegria de realizar sonhos.*

É estar próximo de quem você ama.
Mesmo que você ame 200 milhões de pessoas.
Felicidade é ser lembrado, ser querido, ser compartilhado.
Não por algumas pessoas, mas por todas as famílias.
É informar e emocionar.
É multiplicar seus melhores sentimentos.
É mudar, renovar e compartilhar.
Felicidade é fazer tudo isso por vários anos.
E se sentir cada vez mais jovem.

O próprio Silvio Santos tinha muito o que comemorar, visto que no ano seguinte, em dezembro de 2015, celebraria seus 85 anos. Na época, diversas publicações fizeram homenagens a ele e mencionaram números que impressionavam, como o fato de o Grupo Silvio Santos empregar mais de 20 mil pessoas e faturar cerca de R$ 2,5 bilhões ao ano. Apesar de o SBT ser um importante responsável por esse faturamento bilionário, o grupo possui empresas em diversos setores além da mídia: concessionárias de veículos (Vimave), hotelaria (Jequitimar), cosméticos (Jequiti), entre outros.

Para comemorar os 85 anos do apresentador, uma festa reservada para a família foi realizada, organizada pelas próprias filhas de Silvio. A decoração da festa teve como tema o cinema, paixão de Silvio desde que ele entrava escondido nas sessões do Rio de Janeiro com o irmão Leon, que faleceu na década de 1980.

Para as comemorações dos 35 anos do SBT também houve uma grande celebração, que envolveu diversos acontecimentos.

O objetivo era relembrar o passado olhando para o futuro, pensando no legado da emissora como um todo e suas perspectivas. Além de uma grande festa para os funcionários, foi planejada uma parada que fecharia a Avenida Paulista. A parada acabou não acontecendo, pois Silvio temia que o evento, que certamente atrairia muitas pessoas, pudesse colocar em risco sua segurança e a de seus funcionários.

Algumas estreias também foram planejadas para a data comemorativa. Uma delas foi a novela *Carinha de Anjo*, uma adaptação de Leonor Corrêa com supervisão de Iris Abravanel em que Maisa atua. A novela, que ainda está no ar, completou duzentos capítulos em agosto de 2017, e chegou a atingir a vice-liderança isolada ao longo de sua exibição.

Outros programas que entraram no ar foram: *Corre e Costura* (com o renomado estilista Alexandre Herchcovitch), *Hell's Kitchen – Cozinha sob Pressão,* comandado pela chef Dahoui (anteriormente o programa era apresentado por Carlos Bertolazzi), *Acontece Lá em Casa* e *Fofocalizando*, atração que marcou o retorno de Mara Maravilha ao SBT.

Além dos 35 anos e das novas atrações, o SBT também estava comemorando o crescimento da audiência da emissora. De acordo com o site institucional, em diversos meses do ano houve índices maiores em relação ao ano anterior. Esse foi o caso do mês de julho, por exemplo, que teve uma média de 8,8 pontos no horário nobre em 2015, enquanto alcançou 9,1 em 2016, o que representou 4% de crescimento no período.

Outro fato marcante da celebração da emissora e de seu dono foi a exposição sobre a vida do próprio Silvio Santos, que estreou em dezembro de 2016, no mês de comemoração de seus 86 anos. A exposição ficou em cartaz no Museu da Imagem e do Som (MIS) de São Paulo. A curadoria ficou por conta do diretor do museu, André Sturm, que atualmente ocupa o cargo de Secretário da Cultura da Cidade de São Paulo. Além de abranger a vida do apresentador, contou a história do rádio e da televisão no Brasil, que estão diretamente relacionados à figura de Silvio Santos. Afinal, como o próprio curador disse ao *Estadão*: "Antes dele, domingos eram dias mortos. Ele resolveu comprar um horário e criar isso".

Silvio aprovou a ideia, mas não quis participar da sua concepção, que nasceu do próprio André Sturm, como afirmou dessa vez ao Portal Ego:

> "Há dois anos, eu estava querendo fazer uma exposição sobre a TV, mas é quase impossível fazer uma mostra sobre toda a história da televisão. Então, pensei no Silvio Santos. Ele é o cara da TV, tem uma história linda e nem todo mundo conhece a vida dele do ponto de vista empresarial e humano.[20]"

A exposição "Silvio Santos vem aí", que foi prorrogada e ficou em cartaz até março de 2017, contou com aproximadamente trinta áreas. Além das trajetórias pessoal e profissional do apresentador, também havia espaços na mostra dedicados a fazer o visitante se sentir em clássicos programas do SBT. Assim, era possível ter a experiência de participar de quadros famosos do *Programa Silvio Santos* como o "Roletrando" e o "Qual é a Música?". A exposição recebeu ao todo cerca de 80 mil visitantes, dentre eles nomes da família e artistas importantes do próprio SBT: Mara Maravilha, Celso Portiolli, Leão Lobo, Danilo Gentili, entre outros.

A mostra exibiu momentos tão marcantes de Silvio que emocionou até mesmo suas filhas. Cintia Abravanel, a primogênita, saiu chorando após sua primeira visita. Daniela, a terceira filha ficou muito emocionada ao entrar na réplica do *Domingo no Parque*, programa do qual participou e que faz parte de suas memórias de infância.

Essa não foi a primeira vez que Silvio ganhou uma homenagem desse tipo. Em 2001, Silvio Santos foi a inspiração para que a escola de samba carioca Tradição criasse seu enredo homenageando a trajetória do apresentador:

Olha que glória, que beleza de destino
Pra esse menino Deus reservou,ô ô
Ele cresceu, ele venceu, vive sorrindo
Com muito orgulho, foi camelô.
Nasceu na Lapa
No Rio de Janeiro
Esse artista é o enredo da nossa Tradição.
Foi do rádio, minha gente
Hoje na televisão, oi, patrão!
Faz o dia mais contente, a alegria do povão

Qual é o prêmio Lombardi, diz aí
Qual é a música quem sabe, canta aí
Quem quer dinheiro?
O aviãozinho vai subir
Minhas colegas de trabalho
Que beleza de auditório
Abre a Porta da Esperança
É Namoro na TV
Boa Noite, Cinderela
Gosto de você
Em Nome do Amor,
Eu quero morrer de prazer
Laiá, laiá, oi
Laiá, laiá, oi
É um baú de felicidade
Vamos cantar
Vamos brincar
Vamos sorrir
É domingo, é alegria
Silvio Santos vem aí

Essa foi uma das homenagens mais emocionantes da vida de Silvio, que contou com a participação de diversas celebridades. Ao longo do desfile, o apresentador cantou o tema e se divertiu muito com o público. A escola paulistana Acadêmicos do Tatuapé também chegou a cogitar uma homenagem ao apresentador em 2018. Apesar de ter ficado muito feliz com a possibilidade, pelo fato de ser natural do Rio de Janeiro, mas ter se estabelecido profissionalmente em São Paulo, o apresentador não poderia participar do desfile, pois já teria uma viagem ao exterior agendada. Por essa razão, a escola de samba paulistana optou por utilizar o Maranhão como tema nos desfiles do Carnaval em 2018. Provavelmente, não vai ser dessa vez que São Paulo vai ver seu ilustre morador desfilando.

PASSADO, PRESENTE E FUTURO

O SBT é uma emissora que, ao longo dos seus mais de 37 anos de existência, construiu uma programação com atrações que marcaram época e lançou nomes que ficaram reconhecidos em todo o território nacional. Mas, ao mesmo tempo, a emissora (e Silvio) sempre buscam olhar para a frente.

Programas como o do Ratinho, o *Jornal do SBT*, *A Praça é Nossa*, *Domingo Legal*, *Bom Dia & Cia* e o do próprio Silvio Santos são sucessos cativos na grade. O famoso "Jogo dos Pontinhos", quadro do *Programa Silvio Santos*, virou mania nacional e conta com a participação de nomes importantes na emissora como Helen Ganzarolli e Lívia Andrade – que arrancam boas risadas do público disputando a atenção do patrão. Além delas, nomes como Flor, Patricia Abravanel, Mara Maravilha, Maisa, Carlinhos Aguiar, Cabrito Tévez e até Alexandre Frota fazem participações especiais no quadro.

O SBT investe muito em novas apostas. Uma das estrelas que despontaram recentemente na emissora foi a própria filha de

Silvio, Patricia Abravanel, que estreou como apresentadora em 2011, e Danilo Gentili, que apresenta o *The Noite* desde março de 2014. Patricia chegou a ganhar dois prêmios relevantes: em 2011 ganhou o Troféu Imprensa na categoria "Revelação" e novamente, em 2013, 2015 e 2016, na categoria "Melhor Apresentadora e Animadora de TV".

Novidades na grade também são programas como o *Acelerados*, apresentado pelo piloto Rubinho Barrichello, que envolve o universo dos carros e da velocidade. Christina Rocha, que também esteve em importantes atrações do SBT como o *Aqui Agora* e o *Show de Calouros*, apresenta atualmente o *Casos de Família*.

Muito em voga atualmente, os reality shows de culinária também fazem parte da grade do SBT. *Bake Off Brasil – Mão na Massa* é apresentado por Carol Fiorentino e tem júri formado por Beca Milano e Fabrizio Fasano Jr. Já *BBQ Brasil – Churrasco na Brasa* é apresentado por Chris Flores e conta com o júri formado pela chef Danielle Dahoui e Carlos Tossi. Ambos os programas eram apresentados anteriormente por Ticiana Villas Boas, e os churrasqueiros da primeira temporada do *BBQ Brasil* eram avaliados por Carlos Bertolazzi e Rogério Debetti. Outro reality show da grade que está no ar desde 2009 é o *Esquadrão da Moda*, apresentado pela modelo e consultora de estilo Isabella Fiorentino, além do *stylist* Arlindo Grund.

Nomes de destaque na grade do SBT, e cujo peso no cenário televisivo é inegável, são os apresentadores Eliana, Raul Gil e Otávio Mesquita. Como dito anteriormente, nessa nova fase da emissora, Eliana apresenta aos domingos um programa que leva seu nome e é voltado para a família. Otávio Mesquita, que apresentava anteriormente o *Okay, Pessoal!!!* na emissora, hoje comanda o *Operação Mesquita* com muito carisma e irreverência nas madrugadas de sexta-feira e sábado.

Raul Gil, assim como Silvio Santos, é uma importante figura da televisão brasileira. Depois de 25 anos longe do SBT, ele está de volta à emissora desde 2010. Todos os sábados, Raul – que chegou a integrar a famosa "Caravana do Peru que Fala" de Silvio – está no SBT com seu formato consagrado de atração que inclui quadros famosos como o "Jogo do Banquinho", "Para quem você tira o chapéu?" e "Eu e as Crianças".

EPÍLOGO

Silvio Santos é um homem simples. Ele não abre mão do café da tarde ao lado da esposa Iris e, quando viaja para a residência da família nos Estados Unidos, seus prazeres se resumem a atividades como fazer supermercado, preparar o jantar e lavar a louça. Apesar de ser um dos homens mais ricos do Brasil, não esbanja dinheiro ou ostenta riquezas – afinal, por que desperdiçar um recurso que pode ser melhor empregado?

Silvio Santos é um homem que veio de baixo. Sua fortuna, e o próprio Grupo Silvio Santos, foram construídos através de um trabalho incansável, uma dedicação que não media esforços, além de sua clara visão de oportunidade. A história do apresentador é um dos maiores exemplos do *self-made man*.

Mas Silvio é como qualquer outro homem. Como ser humano, possui qualidades e deslizes ao longo da vida, que o fazem carregar alguns arrependimentos. Como qualquer homem de negócios, às vezes tem que tomar decisões questionáveis, que respondem a um objetivo específico. Mas, para seus admiradores e telespectadores, qualquer derrapada é superada pelos diversos talentos e o carisma do apresentador.

Para além de tudo, Silvio é um mito, não somente entre os seus fãs, mas também para aqueles que o conhecem e convivem constantemente com ele. Como disse Mara Maravilha, Silvio é uma luz, e para Sobral, segurança do SBT, todos os dias com ele são especiais.

Como todo homem de grande sucesso, Silvio conquista admiração e inspira certa veneração a distância por parte das pessoas, tornando-se uma figura imponente. Apesar de qualquer status que lhe atribuam, às vezes ele parece alheio à sua altivez, especialmente nas trapalhadas que comete ao vivo.

Qual é a chave do tamanho fascínio que o apresentador exerce? Por que causa tanto impacto nas pessoas? Ao longo deste livro, algumas hipóteses foram reveladas: seu carisma sem fim, o talento para os negócios e a capacidade excepcional de interagir e se conectar com o outro. Certas respostas, entretanto, estão guardadas no coração do próprio apresentador, e somente sua alma conhece todos os segredos. Ou talvez a predestinação tenha seu papel.

Com seis filhas e vários netos, a família de Silvio só cresce. Ser esposa ou filha de um mito da televisão brasileira deve ser uma grande responsabilidade, mas essas mulheres carregam em seu sangue a missão de manter vivo o legado do apresentador. Iris, Cintia, Silvia, Daniela, Patricia, Rebeca e Renata vêm cumprindo essa célebre tarefa com muito profissionalismo e dedicação, imprimindo suas personalidades em cada detalhe no Grupo Silvio Santos.

Com tantas décadas de história, olhar para trás é enxergar a vida gloriosa e impressionante que Silvio construiu. Não é fácil ser Silvio Santos, mas ele está melhor do que nunca em sua própria pele e não para de projetar ideias para o futuro. Considerado uma verdadeira máquina de trabalho, o apresentador parece estar longe de querer se aposentar, apesar de estar preparando muito as filhas para a sucessão, como forma de manter seu império firme. Agora, resta ao Brasil aguardar o desenrolar dos fatos para conhecer os próximos capítulos dessa ilustre biografia. Afinal, Silvio Santos vem aí...

DEPOIMENTOS

Confira a seguir alguns depoimentos sobre Silvio Santos, coletados com exclusividade para a edição deste livro:

"Silvio Santos, para mim, é sinônimo de amizade e de lealdade. Nós nos conhecemos desde 1954, quando ele começou a trabalhar na Rádio Nacional. Ficamos amigos e foi amor à primeira vista. Ele é um grande amigo e exemplo de profissional. Além da eterna gratidão que tenho pelo amigo que ele foi do meu pai, posso afirmar que o Silvio mudou a minha vida em 8 de abril de 1987, quando assinei o primeiro contrato aqui no SBT. Tanto artística como particularmente, só tenho gratidão ao Silvio, além de respeito e minha eterna amizade."

— Carlos Alberto de Nóbrega

"Hoje o Silvio não é mais meu patrão – ele é meu amigo. Ele é amigo de todos os funcionários. É uma pessoa de coração muito grande e um homem atencioso com todos, não interessa a função. Se passa pelos corredores do SBT e tem alguém limpando o chão, ele para e cumprimenta. Esse é o Silvio Santos! Eu me orgulho de acompanhar o Silvio há 58 anos e ser o funcionário número 1 dele. Tem até um papo de que sou filho dele com a Vera Verão."

— Roque

"Eu orei para voltar a trabalhar ao lado do Silvio. É incrível estar ao lado dele no palco. Parece sempre a primeira vez, pois é muita luz. Você fica maravilhada. Todo mundo aqui no SBT é família para ele. Não dá para descrever esse homem. Tenho muito orgulho da minha trajetória, pois sou a Mara Maravilha dele. Cria mesmo. Não sou Abravanel, mas meu DNA artístico é Silvio Santos. Tem pessoas que não podiam morrer, né? O Silvio é uma delas. Ele é um escolhido de Deus. Assim como Davi e Moisés. O Silvio veio para essa Terra fazer a diferença. Para mim, ele só perde para Jesus e não tem para ninguém."

— Mara Maravilha

"Com o Silvio, aprendi muitas lições que vou levar para o resto da minha vida. Ele é um mestre e tenho a honra de tê-lo como patrão. Tenho amor e muita gratidão por ele, pois além de ser um mito, um ícone, ele é uma pessoa muito boa. Muita gente que tem um destaque um pouquinho maior se acha no direito de ser melhor que os outros. Mas ele não. A humildade foi o maior ensinamento que o Silvio me passou. Teve um episódio que não foi ao ar, mas que nunca vou esquecer: um menino-monstro foi lá no programa e eu chorei. Mas o Silvio não sabia que eu tinha medo. Ele ficou superpreocupado quando me viu chorar, parou a gravação, me pegou no colo e falou: 'Ô, meu amor. Não fica assim. Eu não sabia.' Ele é o cara. Ele é demais."

— Maisa Silva

"Antes de qualquer coisa, o Silvio representa, para mim, um grande amigo. Eu o conheci como repórter mais ou menos em 1968. Só posso agradecer muitíssimo, pois ele transformou meu nome – um jornalista como milhares de outros que o cercavam – conhecido em todo o território nacional. A gente já se afastou várias vezes ao longo desses quase cinquenta anos, trabalhei em diversos outros lugares, mas sempre acabo voltando para o SBT. Sou muito grato e tento retribuir dando meu melhor em tudo o que eu faço com ele e para ele."

— Décio Piccinini

"Existem figuras icônicas como Chacrinha, Hebe, J. Silvestre, Blota Júnior, Flavio Cavalcanti,

Airton Rodrigues e Lolita. Tudo o que sabemos sobre televisão aprendemos com eles. Cada um com seu brilho e estilo próprio. Mas o Silvio é a própria história da televisão brasileira. Ele é fundamental. O maior. Sou muito grato a você, Silvio. Você tem em mim um defensor. Não que você precise, porque você é brilhante. Mas eu guardo você no melhor lugar do meu coração."

— Leão Lobo

"Dizer que Silvio Santos é gênio, mestre da comunicação, maior animador da TV brasileira já não é mais suficiente para descrever esse artista que está no palco há 50 anos e se renova a cada domingo. Tão íntimo da dona de casa quanto das colegas de trabalho, entra tão sem cerimônia na nossa sala quanto brinca no meio do auditório. E mora no coração da gente! Ele simplesmente é; dispensa definições!

Na minha carreira, um ídolo, um orientador e até patrão... Lição de espontaneidade, alegria, capacidade de improviso, domínio de cena, liderança... Senhor do estúdio, das câmeras e da plateia! Tive muitas aulas com ele a cada participação em seus programas. Aprendi muito com o Silvio, mas é impossível assimilar tudo, porque ele é de uma espécie rara: a dos que já nascem sabendo!"

— Sonia Abrão

"Na década de 1970, assistia aos programas do Silvio Santos pela janela, olhando a televisão dos vizinhos, porque minha família não tinha condições de ter aparelho próprio. Lembro que, quando me chamaram no SBT, no início de 1993, fui contratado e, logo no primeiro dia, já conheci o Silvio. Fiquei ansioso, porque não estava preparado para o encontro. O Silvio é mais do que um patrão; é um pai. Todos os dias com o Silvio são marcantes. Todos sentem isso, até pessoas que são falantes e abertas ficam mais quietas perto dele, porque ele tem uma presença forte."

— Maurício Sobral, segurança do SBT

"Eu tenho uma dívida muito grande com o Silvio: tudo o que aprendi e que faço hoje eu aprendi com o Silvio; ele é o maior apresentador de televisão do mundo. As três vezes em que fui contratado [no SBT] foi por obra do Silvio, e as três vezes em que fui demitido foi por colegas jornalistas. Então não posso me queixar do Silvio em relação a nada. Tenho uma grande admiração por ele, considero-o um grande comunicador; ele é uma pessoa muito engraçada, muito interessante, deu uma grande contribuição para a história da televisão do Brasil. Particularmente, na minha carreira ele tem um papel da maior relevância, porque foi ele quem, na verdade, me descobriu para a televisão. O Silvio me ensinou a importância do verdadeiro processo da comunicação. Ele dizia – e aliás eu tinha ouvido isso antes com o Orestes Quércia – que comunicar não é o que você fala, é o que o público entende. Eu acho que o Silvio é o maior profissional do mundo, ele tem uma enorme facilidade de comunicação com o público. ”

— José Nêumanne Pinto

"Quando eu tinha uns 4 anos, meu avô ganhou um carro no Baú da Felicidade – um Fusca ocre –, e fui com o vovô recebê-lo. O programa naquela época, se não me engano, era ao vivo, e eu queria ir embora, porque eu estava passando mal. Quando vi o Silvio Santos, ele veio falar com o meu avô, olhei pra ele e disse assim: 'Quando crescer, quero trabalhar com você.' Desde pequenininha, meu sonho era trabalhar com o Silvio Santos. O *Show de Calouros* significou tudo em minha vida. O fato engraçado é que todas as besteiras no programa quem ia fazer? A Flor! Uma vez eu entrei na guilhotina. Sabe aquela mágica da guilhotina? Fiquei com medo que cortassem minha cabeça, porque cortou a cenoura, e ficou muito engraçado! Hoje, sou o resultado de um dom que ele lapidou em mim. Eu me sinto realizada ao lado dele. Quando eu estava longe, falei para Deus: 'Eu gostaria de voltar.' Estar no SBT é reviver o sonho da menininha que queria estar ao lado do Silvio.

É isso o que o Silvio significa para mim: magia, amor, alegria. Toda vez que vejo o Silvio me dá um frio na barriga. Eu tenho um carinho de filha com ele. Quando a gente ama muito, muito, muito é assim."

— Flor

"Silvio Santos é, sem sombra de dúvidas e há seis décadas, o maior nome da televisão brasileira. Como dizem os americanos, ele é um *self-made man*. Com honestidade e persistência, construiu sua própria empresa! Ele é uma inspiração para todos e a prova de que podemos conseguir tudo na vida se tivermos determinação. O mais impressionante é que Silvio Santos consegue ser vários num só: apresentador, animador, empreendedor, comunicador, visionário... Silvio Santos tem o que não se pode comprar: talento e carisma. Ele é uma escola, uma faculdade de comunicação empírica para todos nós. O que mais me admira nele é o seu amor e a sua resiliência pela profissão. Aos 88 anos, Silvio Santos, surpreende, supera tudo e todos. A ele minha eterna gratidão!!!"

— Wellington Muniz, o Ceará

"Conheci o Silvio com 8 anos, mas eu não tinha essa noção de que ele era o maior ídolo do Brasil. Foi quando vi o discurso deles [de Silvio Santos e Hebe Camargo, no Teleton] que bateu a vontade de fazer parte daquela corrente do bem e corri para o meu quarto, peguei meu cofrinho cheio de moedas e pedi para meus pais me levarem até a TV para eu fazer a minha doação. Hoje, há quase vinte anos indo ao palco do Teleton, sei que a minha aposta vai ser sempre com a pessoa Silvio, que representa bondade, generosidade, esperança de um mundo mais digno para todos. Ele sempre fez questão de me receber ali no palco, por enxergar que eu sou um representante de todo o povo brasileiro, que a gente deve se mobilizar. Dividir o palco com ele vai ser sempre uma honra; ele é daquelas pessoas que inspiram e incentivam a gente a ser melhor a cada dia, e tenho certeza de que ele deixa em mim um legado para a nova geração que tem que aprender a lutar buscando uma conscientização de valores e gerando um fator multiplicador desse sentimento tão simples que é o amor. Então, acho que ele resume isso tudo."

— Felipe Ventura

"Já fiz muitos casamentos do pessoal do SBT por indicação do Silvio. Sou o único religioso no Brasil que tem um elogio gravado pelo Silvio Santos. É uma honra! Ele, ao fazer testemunho da minha celebração de casamento, sendo ele judeu e eu cristão, mostrou sua inclusividade, respeito e carinho por quem trabalha com fé e amor. O ícone da comunicação se mostrou também um ícone da humildade."

— Reverendo Aldo Quintão

"Silvio sempre será meu ponto de referência... A simplicidade e a alegria são pontos altos que ele exterioriza.

A parte mais engraçada é que sou o único apresentador do mundo que já pegou no bumbum dele, quando o ajudei a subir no carro alegórico, no Carnaval do Rio, em 2001. Enquanto o estava segurando, olhei para cima e vi a porta da esperança..."

— Otávio Mesquita

CARTA

Transcrição da carta escrita a mão por Silvio Santos por ocasião do 50º aniversário do Grupo Silvio Santos – reproduzida na p. 134, no caderno de fotos deste livro:

"Meus amigos,

Vocês que trabalham no Grupo são os responsáveis pelos resultados obtidos nesses 50 anos. Nos primeiros 15 ou 20 anos, para mim, foi tudo muito difícil e arriscado, depois, com o talento, lealdade, inteligência e muito esforço dos homens que até hoje estão à frente do Grupo, minha participação foi diminuindo, minhas preocupações e responsabilidades foram aumentando e felizmente fomos conquistando muitas vitórias e aprendendo com algumas derrotas.

O importante neste meio século foram as oportunidades, o aprendizado e os empregos que demos a tanta gente. Acredito que todos os que continuam e todos os que nos deixaram, sentiram o nosso amor, nosso carinho, e nossa vontade em tê-los como integrantes de uma grande família, que hoje tem como única finalidade a manutenção das empresas, que possam dar aos seus colaboradores uma vida melhor, fazendo com que cada dia de trabalho seja um dia de alegria.

Que cada um de vocês entre no seu serviço com a mesma satisfação que eu entro nos meus programas. Que o nosso melhor pagamento seja a felicidade que sentimos nas tarefas que estamos realizando. Que nos próximos anos, o Grupo continue sendo uma casa abençoada, e que vocês nos ajudem, tendo saúde no corpo e alegria no coração.

O Baú, que começou com três pessoas: Silvio, Alice e Olímpio, se transformou nesse Grupo com milhares de colaboradores e com uma bandeira que de um lado tem a palavra "SORTE" e do outro lado tem a palavra "DEUS".

Do colega e admirador sempre grato
Silvio Santos

PRÊMIOS E HOMENAGENS

Ao longo de décadas de trajetória profissional, Silvio Santos colecionou prêmios, pois além de extremamente competente, é uma figura muito querida e reconhecida pelos brasileiros. A seguir, algumas das premiações e homenagens a Silvio Santos:

ASSEMBLEIA LEGISLATIVA DE SÃO PAULO
1997 – Imortal do Rádio Paulista
2000, 2001, 2002, 2003, 2004, 2007, 2008, 2009 Melhor Líder Empresarial Setorial

TROFÉU IMPRENSA
1964, 1969, 1970, 1971, 1972, 1973, 1974, 1975, 1976, 1980, 1981, 1983, 1984, 1985, 1986, 1987, 1988, 1989, 1990, 1991, 1992, 1993, 1994, 1995, 2017 – Melhor Animador
1971, 1972 – Mais Querido Artista da TV
1973, 1974 – Maior Simpatia e Comunicabilidade

TROFÉU INTERNET
2001, 2002, 2003, 2005, 2006, 2009, 2011, 2012, 2013, 2014, 2015, 2016, 2017 – Melhor Animador

TROFÉU ROQUETTE PINTO
1960 – Melhor Locutor Comercial
1961, 1963, 1964, 1965, 1966, 1967, 1968, 1970 Melhor Apresentador
1969 – Personalidade Artística

OUTROS PRÊMIOS
1976 – Carioca Honorário pela Assembleia Legislativa do Rio de Janeiro
2015 – Troféu APCA – Grande Prêmio da Crítica
2015 – Apresentador Mais Confiável do Brasil pelo Ibope/Revista *Seleções*
2015, 2016 – Troféu "Marcas de Confiança" do Instituto Datafolha
2016 – Ordem do Mérito das Comunicações – Grau Grã-Cruz, pelos serviços relevantes prestados às Comunicações
2016 – Personalidade mais Admirada do Brasil (Estudo Internacional Britânico)
2016 – Exposição *Silvio Santos Vem Aí!*, no Museu da Imagem e do Som (MIS) de São Paulo

NOTAS DE FIM

1. JUNIOR, J.; MORAES, F. As férias de Silvio Santos em Orlando. *Veja São Paulo*, 7 fev. 2014. Disponível em: <https://vejasp.abril.com.br/cidades/silvio-santos/>. Acesso em: 1 out. 2017.

2. QUENTAL, P. A filha rebelde de Silvio Santos. *IstoÉ Gente*, 11 out. 2017. Disponível em: <https://www.terra.com.br/istoegente/53/reportagem/rep_filha.htm>. Acesso em: 1 out. 2017.

3. TELLES, R. 30 fatos sobre Silvio Santos que você não sabia. *Contigo!*, 7 ago. 2015. Disponível em: <http://contigo.uol.com.br/noticias/acervo/30-fatos-sobre-silvio-santos-que-voce-nao-sabia.phtml#.wdggs3xys8o>. Acesso em: 1 out. 2017.

4. GLOBO fecha 2016 com lucro de R$ 2 bilhões e faturamento de R$ 15,3 bilhões. *G1*, São Paulo, 4 abr. 2017. Disponível em: <https://g1.globo.com/economia/negocios/noticia/globo-fecha-2016-com-lucro-de-r-2-bilhoes-e-faturamento-de-r-16-bilhoes.ghtml>. Acesso em: 1 out. 2017.

5. Redação. Biografia de Silvio Santos reúne detalhes da vida do apresentador: "Não sou luxurioso". *Extra*, Rio de Janeiro, 25 abr. 2017. Disponível em: <https://extra.globo.com/tv-e-lazer/biografia-de-silvio-santos-reune-detalhes-da-vida-

-do-apresentador-nao-sou-luxurioso-21256636.html>. Acesso em: 18 out. 2017.

6. SILVA, A. *A fantástica história de Silvio Santos*. 5. ed. São Paulo: Editora do Brasil, 2000. p. 59.

7. CASTRO, T. Há 40 anos, Silvio Santos colocava no ar sua primeira emissora de televisão. *Notícias da TV/UOL*, São Paulo, 8 mai. 2016. Disponível em: <http://noticiasdatv.uol.com.br/noticia/televisao/ha-40-anos-silvio-santos-colocava-no-ar-sua-primeira-emissora-de-televisao-11249>. Acesso em: 18 out. 2017.

8. CASTRO, T. Silvio Santos tentou abrir rede de TV em 1970, mas militares não deixaram. São Paulo, *Noticias da TV/ UOL*, 1 de novembro de 2015. Disponível em: <http://noticiasdatv.uol.com.br/noticia/televisao/silvio-santos-tentou-abrir-rede-de-tv-em-1970-mas-militares-nao-deixaram-9607?cpid=txt>. Acesso em: 18 out. 2017.

9. PRADO, M. Carlos Aberto de Nóbrega celebra centenário do pai, Manoel da Nóbrega, gênio criador da televisão. *R7 Entretenimento*, 20 fev. 2013. Disponível em: <http://entretenimento.r7.com/famosos-e-tv/noticias/carlos-aberto-de-nobrega-celebra-centenario-do-pai-manoel-da-nobrega-genio-criador-da-televisao-20130220.html>. Acesso em: 1 out. 2017.

10. ZAIDAN, P. Iris Abravanel fala sobre sua carreira, família e a vida ao lado de Silvio Santos. *Claudia*, 22 fev. 2016. Disponível em:<https://claudia.abril.com.br/famosos/iris-abravanel-fala-sobre-sua-carreira-familia-e-a-vida-ao-lado-de-silvio-santos/>. Acesso em: 1 out. 2017.

11. LIMA, R. SBT realiza pintura da sua torre no Sumaré, em São Paulo. *SBTpedia.* 14 fev. 2013. Disponível em: <www.sbtpedia.com.br/2013/02/sbt-realiza-pintura-da-sua-torre-no.html>. Acesso em: 19 out. 2017.

12. FELTRIN, R. Silvio Santos diz que SBT terá desenhos enquanto ele estiver vivo. *TV e Famosos (UOL)*, 5 mar. 2016. Disponível em: <https://tvefamosos.uol.com.br/noticias/ooops/2016/03/05/silvio-santos-diz-que-sbt-tera-desenhos-enquanto-ele-estiver-vivo.htm>. Acesso em: 1 out. 2017.

13. CASTRO, T. SBT levou sete anos para investir em jornalismo e lançar Boris Casoy. *Notícias da TV (UOL),* 17 jan. 2015. Disponível em: <http://noticiasdatv.uol.com.br/noticia/televisao/sbt-levou-sete-anos-para-investir-em-jornalismo-e-lancar-boris-casoy-6292>. Acesso em: 1 out. 2017.

14. XEXÉO, A. *Hebe: a biografia.* 1 ed. Rio de Janeiro: Bestseller, 2017. p.31

15. Reportagem Local. "Aqui Agora" não vai repetir erros, diz diretor. *Ilustrada*, 3 mar. 2008. Disponível em: <https://www1.folha.uol.com.br/fsp/ilustrad/fq0303200811.htm>. Acesso em: 1 out. 2017.

16. BESSA, G. "O SBT é o melhor lugar para se trabalhar no Brasil", diz Marília Gabriela. *Diversão Terra*, 30 jul. 2013. Disponível em: <https://diversao.terra.com.br/tv/o-sbt-e-o-melhor-lugar--para-se-trabalhar-no-brasil-diz-marilia-gabriela,4ab155dc32c20410VgnVCM4000009bcceb0aRCRD.html>. Acesso em: 1 out. 2017.

17. Redação. "Banco Panamericano é vendido ao BTG." *O Estado de São Paulo*, São Paulo, 1 de fevereiro de 2011. Disponível em:

<http://www.estadao.com.br/blogs/jt-seu-bolso/2011/02/01/banco-panamericano-e-vendido-ao-btg/>. Acesso em: 13 de out. 2017.

18. CASTRO, D.; MATTOS, L. Programa "Casa dos Artistas" acirra "guerra" entre Globo e SBT. *Folha de S.Paulo*, 31 out. 2001. Disponível em: <http://www1.folha.uol.com.br/folha/ilustrada/ult90u18690.shtml>. Acesso em: 1 out. 2017.

19. KFOURI, J. Confesso que perdi. São Paulo: Companhia das Letras, 2017. p. 68.

20. VALIATI, C. Silvio Santos vai ganhar exposição no Museu da Imagem e do Som, em SP. *Portal Ego*, 17 out. 2016. Disponível em: <http://ego.globo.com/famosos/noticia/2016/10/silvio-santos-vai-ganhar-exposicao-no-museu-da-imagem-e-do-som-em-sp.html>. Acesso em: 1 out. 2017.

BIBLIOGRAFIA

KFOURI, J. *Confesso que perdi:* memórias. 1. ed. São Paulo: Companhia das Letras, 2017.

MARCOS, D. *Te contei grandes ídolos:* Silvio Santos. 1. ed. São Paulo: Online, 2015.

SILVA, A. *A fantástica história de Silvio Santos*. 5. ed. São Paulo: Editora do Brasil, 2000.

XEXÉO, A. *Hebe:* a biografia. 1. ed. Rio de Janeiro: BestSeller, 2017.

OUTRAS REFERÊNCIAS

BARBOSA, B. SOUTO, L. Em homenagem aos 85 anos de Silvio Santos, parentes e amigos contam histórias curiosas sobre o apresentador. *Extra*, 6 dez. 2015. Disponível em: <https://extra.globo.com/tv-e-lazer/em-homenagem-aos-85-anos-de-silvio-santos-parentes-amigos-contam-historias-curiosas-sobre-apresentador-18224509.html>. Acesso em: 1 out. 2017.

CASTRO, T. Silvio Santos tentou abrir rede de tv em 1970, mas militares não deixaram. *Notícias da TV (UOL)*, 1º nov. 2015. Disponível em: <http://noticiasdatv.uol.com.br/noticia/televisao/silvio-santos-tentou-abrir-rede-de-tv-em-1970-mas-militares-nao-deixaram-9607>. Acesso em: 1 out. 2017.

HAMILTON. Imagens raras de Léo Santos em 1982. *Blog "O Baú do Silvio"*, 17 jun. 2011. Disponível em: <http://obaudosilvio.blogspot.com.br/2011/06/imagens-raras-de-leo-santos-em-1982.html>. Acesso em: 1 out. 2017.

LIMA, A.; SALLUM, É. "Programa Livre" adota estilo "Rateen". *Folha de S.Paulo*, 31 out. 1999. Disponível em: <http://www1.folha.uol.com.br/fsp/tvfolha/tv3110199906.htm>. Acesso em: 1 out. 2017.

MARIA, J. Exposição no MIS conta a incrível saga de Silvio Santos. *O Estado de S. Paulo*, 4 dez. 2016. Disponível em: <http://cultura.estadao.com.br/noticias/geral,exposicao-no-mis-conta-a-incrivel-saga-de-silvio-santos,10000092441>. Acesso em: 1 out. 2017.

MUITO ANTES de Dudu e Maisa: Biografia de Silvio lembra polêmicas do patrão. *UOL* São Paulo, 5 jul. 2017. Disponível em: <https://tvefamosos.uol.com.br/noticias/redacao/2017/07/05/muito-antes-de-dudu-e-maisa-biografia-de-silvio-lembra-polemicas-do-patrao.htm>. Acesso em: 22 nov. 2017.

PACHECO, P. Elenco de "Casa dos Artistas" lembra estreia secreta e choro de Silvio. *TV e Famosos (UOL)*, 28 out. 2016. Disponível em: <https://tvefamosos.uol.com.br/noticias/redacao/2016/10/28/elenco-de-casa-dos-artistas-lembra-estreia-secreta-e-choro-de--silvio.htm>. Acesso em: 1 out. 2017.

PADIGLIONE, C. Serginho Groisman comemora 22 anos de "Fala, Garoto". *O Estado de S. Paulo*, 2 maio 2012. Disponível em:<http://cultura.estadao.com.br/noticias/geral,serginho-groisman--comemora-22-anos-de-fala-garoto-imp-,867725>. Acesso em: 1 out. 2017.

Reportagem Local. "Aqui Agora" não vai repetir erros, diz diretor. *Ilustrada*, 3 mar. 2008. Disponível em: <https://www1.folha.uol.com.br/fsp/ilustrad/fq0303200811.htm>. Acesso em: 1 out. 2017.

TOTI. T. "Ela estava tão rainha que tasquei-lhe um beijo", diz Rita Lee sobre primeiro selinho de Hebe. *TV e Famosos (UOL)*, 16 mar. 2012. Disponível em: <http://televisao.uol.com.br/noti-

cias/redacao/2012/03/16/hebe-estava-tao-rainha-que-tasquei-lhe-um-beijo-diz-rita-lee-sobre-primeiro-selinho-da-apresentadora.htm>. Acesso em: 1 out. 2017.

SOBRE AS AUTORAS

ANNA MEDEIROS é graduada em Propaganda e Marketing pela ESPM-SP, e possui MBA em Bens Culturais pela FGV. Como escritora, já publicou artigos em publicações como a *Revista da Cultura*, além de ter publicado em 2016 seu primeiro livro autoral, *Entre rios*, pela editora Patuá. Já atuou também na área de marketing de grandes corporações, tendo participado do planejamento estratégico em projetos de comunicação de grandes marcas.

MARCIA BATISTA é graduada em Letras pela USP, tendo ingressado no mercado editorial em 2003, atuando como editora de não ficção na Ediouro. Hoje é editora-chefe na Universo dos Livros e, desde 2011, vem sendo responsável pela publicação de inúmeros projetos de sucesso, dentre os quais os best-sellers *Nunca fui santo*, livro oficial do ex-goleiro palmeirense Marcos, o qual reuniu mais de 5 mil pessoas no lançamento; *Neymar: conversa entre pai e filho*, livro oficial do craque do Paris Saint-Germain, cujos direitos de publicação foram vendidos para mais de 27 países; *Eu sobrevivi ao Holocausto*, relato de Nanette Blitz Konig, uma das últimas amigas vivas de Anne Frank; e *A última mensagem de Hiroshima*, biografia de um sobrevivente da bomba atômica, o senhor Takashi Morita.

MOGI das

BRASIL